愿你
余生再无波澜，
我自悲欢

梅莉 著

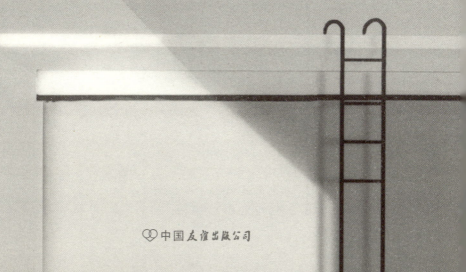

中国友谊出版公司

图书在版编目（CIP）数据

愿你余生再无波澜，我自悲欢 / 梅莉著. —— 北京：
中国友谊出版公司，2018.7

ISBN 978-7-5057-4401-1

Ⅰ．①愿… Ⅱ．①梅… Ⅲ．①女性－幸福－通俗读物
Ⅳ．①B82-49

中国版本图书馆CIP数据核字(2018)第134354号

书名	**愿你余生再无波澜，我自悲欢**
著者	梅莉
出版	中国友谊出版公司
发行	中国友谊出版公司
经销	新华书店
印刷	北京中科印刷有限公司
规格	880×1230毫米　32开
	7.5印张　120千字
版次	2018年9月第1版
印次	2018年9月第1次印刷
书号	ISBN 978-7-5057-4401-1
定价	39.80元
地址	北京市朝阳区西坝河南里17号楼
邮编	100028
电话	(010) 64668676
	版权所有，翻版必究
	如发现印装质量问题，可联系调换
电话	(010) 59799930-614

七十二变

——自序

有句话被用得泛滥成灾了，那就是：不忘初心。

你的初心，曾经不过是希望爸爸是个开糖果店的，这样你就有吃不完的糖果了。

后来，你又希望爸爸是个当官的，最好是个大官，这样在你毕业找工作时就会有最好的安排，省去多少年的奋斗。

再后来，你看到有钱人得意扬扬地炫富，有才华者不时显摆他的能耐，有颜值者拼命秀自己又美出了新高度。再看看你自己，灰头土脸的穷人一个。

这世界上，总有人比你美、比你富、比你聪明能干。但一个人真正成熟的标志之一，就是意识到你最大的敌人是自己。

你是不可替代的唯一。

"每个人来到这个世界都自带粮草与地图。"世界一刻不停地在变化，你要学会的一件事就是：变。

不忘初心是个伪命题。

早已摒弃初心的我们，其实一直在变，有些是自己主动求变，有的是被时间改变。

一家人在外面吃饭，有一道菜上面撒了几根绿意葱茏的芫荽做点缀，先生和孩子都不喜欢吃，挑了就要扔，我连忙制止："哎，别扔，芫荽是我的大爱，你们不吃我吃。"

咦，什么时候我也爱上了芫荽？记得从前我曾那样讨厌它，因为它有一种特别的气味，有人喜欢到骨子里，自然有人恨到骨子里。后来我怎么喜欢上它了呢？究其根源还是在父亲那里。父亲从前喝小酒的时候，最爱一道下酒菜，就是芫荽花生米拌香干，红色的花生米与碧绿的芫荽是绝配，浇上麻油便香气溢屋。可是我不爱，总觉得芫荽的香味太冲，就像一个个性太强的人，我会本能地回避一样。可是父亲屡屡让我尝，他认为世间这等美味有人竟然不吃简直是匪夷所思。也不知从哪一天起，我悄然接受了芫荽，并且渐渐被它的香气迷住，直到现在执迷不悟。

与榴梿相遇也是这样。起初闻到它的气味，几乎是掩鼻而逃。臭，真臭！这么丑而臭的东西凭什么被誉为"水果之王"？有一次，去朋友家里小坐，她从冰箱里取了一盒冷冻的榴梿让我品尝。朋友说，榴梿是她的大爱，可是家里其他人都不喜食，说是太臭，拒绝共享，所以，希望发展我做她的知音。盛情难却，我端着那盒榴梿，一小勺一小勺地艰难吞咽着，几次想放弃，却又不好意思，这一小盒怕也有十几元吧？冷冻过的榴梿如同水果冰激凌，但却不是我好的那口。那是我第一次吃榴梿，味同嚼蜡。

没想到的是不知从哪天起，我竟会被它悄悄俘虏，爱上了以后，评价就变了，会替它辩驳：人家哪里是臭，分明是香嘛！如今，我几乎隔一阵子就要去水果超市抱一个大榴梿回来解馋，剥好，一盒一盒分装密封，一部分冷藏，一部分冷冻，家里无知音，只我一个人慢慢品尝它独特的美味。

每种食物与人一样都有它的个性，有的温和，有的浓烈，有的特立独行。与浓烈派的芫荽、榴梿缘起时都不是一见钟情，开始甚至是反感与讨厌，后来能慢慢接受直至爱上，这样的改变令我也觉得吃惊，可见岁月有双能化腐朽为神奇、点石成金的魔术手。其实，被岁月改变的又何止是我们的味觉呢？

友小岸，做姑娘的时候，口口声声说要找一个儒雅、幽默、满腹经纶的知性老公，最好是大学教授之类。谈了几次恋爱，都是戴着眼镜、文质彬彬、书生气十足的男友，倒也符合她的审美观。问题是，她最后嫁的却是个运动男。那个曾经嘲笑体育系男生四肢发达、头脑简单的女人不见了，一米六不到的她站在一米八的型男身边，小鸟依人般露出亦真亦幻的幸福笑容。

我问她不是喜欢学者型吗，怎么会违背初心，改变口味，喜欢上另类气质的男人呢？她说，爱是说不清也道不明的，与斯文男在一起，发现他们身上缺少运动男的生命活力和对她的执着追求精神，于是，渐渐被现在的老公简单、质朴的生活理念，对生活充满热情的阳光气质所牵引，最关键的一点是对她死心塌地，遂愿"执子之手，与子偕老"。

我们与某种食物结缘，就像是与某人谈一场恋爱，一见钟情是靠美貌与惊艳，可是那份烈火烹油的浓烈炽热在岁月流逝中却最不容易保持。开始不喜，或者是无感，后来逐渐被吸引、被征服，这种慢热的过程，更像一场老式恋爱，文火煲汤，慢慢见到对方的好，爱到后来，直叫人深陷其中而不悔，纠缠一生而不厌。

在变幻莫测的时代，不论是顺应改变还是自己要改变，也唯有变，才是最好的出口。想起蔡依林的歌《看我七十二变》里唱道："再见丑小鸭／再见／自卑留给昨天／女大要十八变／看我七十二变……"

每个女人都要七十二变，这样才会遇见更好的自己。

目录CONTENTS

第一辑

既然相爱，彼此就温柔相待

过日子从厨房开始

记得我出嫁前夕，妈妈说过一段话："你看一户人家日子过得怎么样，只要看看他家厨房就知道了，厨房冷冷清清，日子肯定也过得不得劲；厨房热气腾腾，日子过得也热气腾腾。因为成了一个家后，你不可能天天在外面吃饭，也不可能一辈子指望父母做给你吃，日子还得关起门你们自己过。"

我愁眉苦脸地说："可是我不会做饭啊。而且我特别讨厌做饭、做家务。"

我妈斩钉截铁地回我："不会做，学！谁天生会做饭？谁喜欢做家务？"

此时此刻，真怀疑我这个妈妈是假的。

就这样，妈妈彻底切断了我回家蹭吃蹭喝的后路。后来，我慢慢地发现，还真是如她老人家所言，厨房是婚姻的一面镜子，婚姻的好坏，可以通过厨房的安排体现出来。

比如下面说的是我同事淼淼的故事，她的婚姻就是从厨房磨合开始的。

淼淼和她先生美滋滋、喜颠颠地为爱情而结婚后，就从爱情的仙境跌落至人间的凡尘。她做梦也没想到婚后的日子会如此平凡、琐碎、一地鸡毛、满脸委屈。

结婚前，虽然两个人都是普通人家的孩子，但她在家是十指不沾阳春水的"大小姐"，他是一心只读圣贤书的"大少爷"。这样的两个人纠缠在一起，每天所面对难度系数最大的一件事就数下厨做饭了。

刚开始，淼淼也是冲着贤妻的目标要求自己的。下班就去菜场买菜，再钻进厨房练习煎炸蒸煮。那天，她买回一条活黑鱼想做酸菜鱼，鱼活蹦乱跳的，就唤他来杀鱼，他却受了惊吓似的躲得老远，连连摆手说："我不会，我从来没杀过鱼。"她反驳："难道我就杀过？我也不会！"可是他偏偏爱吃鱼！婚前曾有位前辈送给她一句话：不要轻易逼男人下厨。她想了想，还是自己动手吧。谁知黑鱼力气很大，挣扎凶猛，足足杀了半个小时，溅得她一脸的血水不说，还把手指给割破了。她吸取了这次血的教训，下次买鱼买鸡买鸭，都让别人杀好弄好再拎回家。

习惯一旦养成就不易改变。有一次，他在家休年假十天。森森心想，这下终于可以休息几天远离烟熏火燎的厨房，回到家就有香喷喷的饭菜等着了吧。可是，回到家中一看，冷锅冷灶的，哪里有饭菜香！她心里顿时不开心起来，厉声质问，你在家休息都不做饭，我上班一天回来累得要命还要做给你吃，这结婚过的是什么日子啊？他却委屈地说，我不知道怎么做，是想等你回来一起做嘛。谁天生会做饭呀？她气得小宇宙终于大爆发，结婚原来是顶顶无趣麻烦的一件事，柴米油盐酱醋茶，烦透了！这日子过不下去，不过了！

两人就这样为谁做饭而大吵一顿，弄到后来，都不愿下厨，几乎到了谈厨房色变的地步，经常是妈妈家蹭一顿饭店混一餐，到处打游击。

面对婚姻的琐碎，森森有种"拔剑四顾心茫然"的迷惘。

一年后森森怀孕了，妊娠反应强烈，正常的饭菜不想吃，尽想吃些腌韭菜、皮蛋瘦肉粥、梅菜扣肉之类。他从书店买来一本孕妇菜谱，仔细研究起来，从那天起，他正式接手并掌管了厨房。他其实是颇有大厨天分的，悟性很高，做菜的水准也是一日千里，虽然他做一顿饭时间极其漫长，常常把人等得饿晕了才上菜。但是，慢工出细活，她爱吃他做的菜。怀孕的森森，被他喂得白白胖胖。

等孩子出生后，他已荣升为家里的大厨。看他系着围裙从厨房里钻进钻出的样子，森森忽然心生愧疚，又想起了前辈说的那句话：别轻易逼男人下厨。她爱的怎能是一个整日围着锅台转的男人？她的男人是顶天立地的汉子呀。况且，她是妈妈，要让孩子记住的是妈妈的味道，而不是爸爸的味道。她于是抢过了他的锅铲，在厨房里大刀阔斧、重战江湖。

"久做成大厨"，森森的菜是越做越好吃了，她先生也被赶出了厨房。最不可思议的是，她已经不再如从前那样厌恶厨房，甚至喜欢下厨的感觉。可是，男人竟然也不高兴被踢出局，他一有空就钻进厨房，看着森森已安排好的菜肴，指手画脚、指点江山。于是，家里的厨房就逐渐形成这样的局面：周一至周五，森森掌勺；周六，男人当大厨；周日，"厨师们"放假一天，一家人去外面吃，品尝美食顺路取经。

他们的小日子越过越融洽、越过越滋润了。森森和她先生看上去比同龄人要年轻好几岁，他们的孩子也品学兼优。可见，好的婚姻是养料，滋养着一家人。

厨房，就是一个家的灵魂。我现在有个小癖好，就是每到一户人家做客，就喜欢参观他家厨房，看到厨房干净得不沾一丝烟火，主人说他们从不在家开伙时，就会觉得他们有种不像在过日子的感觉。看到人家厨房里各种餐具锃光瓦亮、井井有条地各就各位，随时准备为主人的大餐而跃跃欲试时，情绪就会无端饱满起来。

每次下班回家，闻到家家户户的厨房窗户飘出缕缕香味时，我的心里会生出一丝平凡的感动和温柔的情愫。爱情在天上，婚姻在人间，天上太缥缈，人间多静好，所以，还是吸引了不食人间烟火的七仙女下凡尘来与董永婚配，"你耕田来我织布""我挑水来你浇园"，夫妻双双把家还，比翼双飞在人间。

想起一句诗："时光静好，与君语；细水流年，与君同；繁华落尽，与君老。"哪一家的夫妻过日子，不是从厨房开始的呢？

初恋是个什么鬼

　　闺蜜晓雯这几天纠结得很，非要请我出来喝咖啡。她说心里像有一百只猫爪子在挠，日夜不得安宁，因为失散多年的初恋竟然找到她了。她必须找个人倾诉一下，不然，心事重得快要爆炸了。

　　那是一个安静的周末午后，儿子在房间做作业，先生出去参加大学同学聚会了，晓雯在午睡。忽然她被一阵电话铃声吵醒，正要接，对方忽又挂了。随后涌进来了四五条短信，第一条是：晓雯同学，你好，方便说几句话吗？后面几条都是，请加我微信，微信号是×××。晓雯觉得号码陌生，或许是骗子，不予理睬，又迷迷糊糊睡去。电话再次响起时，晓雯恍惚中听到的竟然是久违的初恋情人的声音，顿时惊醒，所有的睡意瞬间跑得踪影全无。

电话那头，初恋的情绪很激动，说他此刻回到了母校，正站在他们曾经约会的地方，要她赶紧加他的微信，因为他拍了大量照片要发给她！于是，晓雯看到了大学校园里的那个湖，湖水在阳光下泛着涟漪，周围的绿植郁郁葱葱，不远处一排略显陈旧的教职工宿舍……啊，那真的是他们第一次拉手、初吻的地方啊，彼此的怦怦心跳声仿佛还能听到，轻舟已过万重山。

他在电话里依旧有些语无伦次地表达此时起伏的心情，其中一句又凶猛又准确又温柔地戳中了晓雯的泪点：初恋对我来说真的很难忘，我用了很长的时间来忘记你。晓雯对我说，你知道吗，当时我真的热泪盈眶了，因为当年是我先离开他的。

在爱情的战役中，是不是先放手的那个很占便宜，注定要被另一方念念不忘？这大约是人性中自带的一种执念。他还说下个月要来沪参加公司高管培训，想要见她。而晓雯也有想见一面的冲动。

于是，我看见晓雯眼里闪烁着一束奇异的光芒，那是被平淡生活磨灭了的久违的亮光。晓雯是幸福的，先生的宠爱，儿子的聪慧，使她的生活不乏温情却缺少了那么一点激情，这是结婚十年主妇们的通病。

我毫不客气地给她兜头泼了一瓢冷水：有必要再见吗？你以为他真的是对你念念不忘？那是你自作多情了。他不过是在怀念已逝的青春，而你恰好出任了他青春片里的女主角，他怀念的是青春帅气的自己和记忆中花娇水嫩的你而已。不见面或许还有点什么，见了面可就什么都没有了。你好好想想是不是这个道理？

不是我太无趣，也不是看得太通透，是身边有活生生的例子。前同事甲，当年是她先与初恋提出的分手，分手后，各自结婚生子，生活安定。可自从她的初恋事业上打拼成功，再回头找她来叙旧后，她的日子就不复安宁。因为他俩叙旧，叙着叙着就滚了床单。然后，甲为了初恋而离婚，而初恋的后院却固若金汤。他本来就没想过离婚，只是了却当年没有征服她的缺憾。谁让你当真？是你自己想多了吧。

同事乙，当年被富二代的初恋男友分手。如今虽是罗敷有夫、使君有妇，却一直心有不甘，总是在有意无意地打探初恋的消息：他买别墅了，他换路虎了……这些消息简直像晴天霹雳一样撕扯着她的心。于是，她总是隔三岔五地去招惹一下初恋。后来，她和初恋频频一起出游开房，被精明的公婆觉察后，本来打算换大房子，产权证写上她名字的计划随之泡汤，丈夫知道此事更是零容忍。于是，好端端的婚姻也解体了，只是可怜了牙牙学语小儿。

晓雯撇撇嘴，你说，初恋到底是个什么鬼？呵呵，初恋嘛，就适合待在记忆的云端，不是有句话叫"美人如花隔云端"，你就在云端继续做他的女神好了，千万别他一召唤你就迫不及待下凡来，因为青春片是不适合一对中年男女来出演的，那是再多的脂粉也掩盖不了的岁月沧桑。何必把一段美好的校园纯爱生生演绎成八点档的三流言情剧？

有句话说，一个合格的前任，就应该像死了一样，不会突然出现在你的面前，不会打扰你现在的生活。话糙理不糙啊。

当然，前任还可以以一种美好的、闪闪发光的姿态，在记忆里完美存在。

林语堂八十多岁的时候，有一次从客人口中听到初恋陈锦端的名字，他双手硬撑着轮椅的扶手颤颤巍巍要站起来，激动地说："你告诉她，我要去看她！"

当然，那只是一个美好愿望，林老先生是有心无力了。

既然相爱，彼此就温柔相待

你，一直住在我心里的某个角落，哪怕我老了，仍不忘相思，但我并不去打扰你，彼此好好地活着，美好地相望于江湖，这才是真正对待初恋的态度。

用心爱你的男人值得嫁

常有姑娘说，我不知道应该嫁给谁，很纠结，身边的两个追求者各有优缺点，他们的优点如果结合起来就完美了。

做梦。

世上哪有完美的人，正如你自身也不完美一样。女人如花，要嫁还是嫁一个真心疼爱你的人吧，当然如果你有母爱情结，想找个心智不成熟的伴侣来宠爱他，那也是你的自由。

话说他年轻的时候真不是她的菜，不高不帅，甚至比她还要穷。她那时喜欢帅哥加才子型的。有句话是说女文青都有作死的爱才子的阶段，被对方的文字呀、思想呀、才华等所打动，承受着和才华相伴而来的自我、阴沉、忧郁、冷漠和不可理喻。还真是这样。

既然相爱，彼此就温柔相待

问题是又帅又酷的才子总那么抢手，她喜欢的那个人身边总是围绕一群女孩，她们看上去个个比她出色，还不时有绯闻传入她的耳中，像锥子一样扎痛一颗因爱而卑微入尘的心。在爱才子的那段时间，她的心伤痕累累，自卑自弃。

　　而他一直在默默地关注她、想靠近她，她却把他明确放到普通朋友之列，离"男朋友"有着遥不可及的距离，更别提他和她所生活的城市相距几百公里。谁知这距离看似遥远，却也在某一天被他轻易攻破。

　　那年夏天，她生了一场不大不小的病。他正好打电话到她家，得知情况以后，第二天就捧着一束红玫瑰和满天星出现在她面前。玫瑰只有十一朵，她傻乎乎地问他，为什么只有十一朵而不是十二朵，一年不是有十二个月吗？他有些腼腆地解释道："还有一朵一直开在我心里，就是你。"这话太让她惊讶了，他看上去是那么内敛而沉默，与浪漫根本不沾边。而彼年的玫瑰多么昂贵，差不多花了他半个月的薪水。还有，她何曾听过如此浪漫暖心的表白？又何曾得到如此隆重的关爱？他请了一天的假，坐五六个小时的火车来，还将坐五六个小时的火车回，只为看她两小时。是的，她曾收到过许多才情并茂的情书，喜欢过比他帅太多的才子，可是，在她真正需要关爱的时候，他们在哪儿呢？

她在心里开始一点点地接受他了。时光飞驰，转眼就是情人节。他问她，情人节想要什么礼物呢？她任性地说，什么也不想要，只想如果礼物是你该有多开心。他没吱声。她知道情人节那天不是周末，他的工作那么繁忙，路途遥远，他怎么可能过来陪她呢？但是，她心里还隐约存有一丝期盼。情人节那天，他直到傍晚时分也没出现。看到别的情侣卿卿我我，手捧鲜花，不免心下失落，异地恋果然艰难。

这时，突然传来敲门声，打开门，他笑吟吟地立在门口，风尘仆仆。一个男人肯为你花钱不一定是真爱，他愿意花时间陪你，当是真爱了吧？但丁说："一种真心的爱慕发出的时候，常常激起别人的爱慕。"情人节的那夜，他们去歌厅K歌，情意绵绵地相互唱和，"爱你一万年，爱你经得起考验……""我愿意为你，被放逐天际，只要你真心，拿爱与我回应……"也曾浪漫肉麻得如小说里的男主女主。

从此，两个人的感情有了新的突破，他开始蛮横地占据她的心。而她父母却强烈地反对这段异地恋，让亲友为她介绍对象。她的心也有软弱、犹豫、动摇的时候，彼时，心里总有一个声音在提醒她："这世界上再也没有比他对你更好的人了，错过了就不会再来。"于是，她对父母认真地说："你们要是不让我嫁给他，那我就一辈子独身好了。"

父母当然不希望她一辈子不嫁，她也老大不小了，她和他相识已经六年，恋爱两年，从前的爱情慢，慢得可以一生只爱一个人。于是，结束马拉松长跑的两个人终于结婚了。没举办豪华婚礼，也没有蜜月旅行，他倾囊买了一套婚房后，口袋里只剩下三百大洋，连买婚纱的钱都是她自己掏腰包支付的。

她没看错人。在他冷峻的外表下，其实藏着一颗柔软细腻的心。在她是个大肚婆的时候，有次节假日他们逛商场，商场正在搞促销，人越涌越多，他一看情形不对，赶紧用长长的双臂从她背后环绕到她的大肚子上，一边呵护着她，一边跟旁边的人说，麻烦让一让，别碰我家大肚子！然后他们安全撤出人群。

他一直是这样的体贴入微。婚后十年来，始终在生活的小细节上温暖、感动、宠爱着她。

夏日的夜晚，她决定和女友安安去三公里外的地方买心头好——泰国榴梿。回来的路上，九点了，接到他的电话，问需不需他来接她。他考虑到榴梿很沉，拎着它走很远的路，担心她那经常酸胀的胳膊会吃不消。她愉快地告诉他不需要，因为榴梿都是剥好的，很轻。一边的安安听见，醋意大发，说她那位才不管不顾她的死活呢，回家得好好给他上一课。

女人其实很好哄，只要男人肯在细节上多花点工夫，心里有她，她就心甘情愿地付出更多，甚至学厨艺做西点、甘当带薪保姆也在所不辞。可惜很多男人误读了女人，以为女人都是物质至上，只要用钱砸，什么女人都可以拿下。

比如我很喜欢的艺人周迅，古灵精怪的气质，演技一直在线，如今的当红花旦周冬雨和她气质很像。周公子在爱河里几度浮浮沉沉，终于在四十岁那年把自己嫁了，嫁给身高只有一米七、无甚名气的美籍华人演员。据说对方获其芳心的办法很简单，就是在她拍雨戏的时候，那个人总会拿一条干爽的大浴巾等在摄像机后面，一听到"CUT"，就快步上前把周迅像裹小猫一样包起来，而她会很配合、很享受地甩甩滴水的头发。爱过才子、爱过阔少的文艺女神周公子最终还是嫁给了一枚心疼她的暖男。"暖男"这一名称就是这样流传开的。

再说说国际巨星章子怡，与名导演传过绯闻，与高富帅谈过恋爱，还差点嫁给外国富翁，最后却与一个已有两个孩

既然相爱，彼此就温柔相待

子的浪子汪峰牵手。人人都不看好他们，可是汪先生就是抱得美人归了。他不仅愿意陪她打麻将，还愿意陪她的父母打，他的体贴与温柔让她心动，走过千山万水后，她愈来愈心思澄明，演技也越来越棒，爱一个人就是简简单单地去爱，不再看他的背景、财富、名望什么的。如今他们已有了一个可爱的小宝宝，日子静好，所有从前不看好他们的人也纷纷送上由衷的祝福。

其实，高冷的才子年轻时欣赏一下就可以了，因为才子的爱虽然激烈，但也比较短暂。爱你时不顾一切，不爱时也是一切都不顾。暖男的爱则细水长流，女人倘若想找个相伴一生的人，还是选暖男更靠谱些。只有那个用心爱你的人，才会关心你的冷暖与喜怒。

爱要分享更要分担

记得主持人鲁豫与她的前任老公离婚时说过一句话，因为他们在生活中有许多东西不能一起分享了，所以选择了分开。

她的话乍听上去似乎很有道理，但我隐约觉得哪里不对劲。

现实夫妻之间，不仅仅要共同分享，更重要的是彼此分担。如果只能分享，婚姻是不是太没有分量与责任了？

婚姻中的两个人，如果有一方只承担分享，而不负责分担，那样的感情也不会长久的。我的一位闺蜜，身材性感、相貌出众，还是个超级能干的女汉子，家里家外都能独当一面。男人想搭把手，她却嫌他做哪件事都不能入她的法眼，碗刷得不干净，孩子带不好，拖地像写大字……久而久之，男人只有分享的份儿。当闺蜜觉得男人一定觉得娶了她是上辈子拯救了银河系时，慢慢地，男人却不回家了。后来，听说他在外面找了个需要他分担的女人，因为他觉得自己在家里根本就可有可无，没有存在感，而那个女人不论从哪方面来看，都远不如闺蜜。

电视剧《虎妈猫爸》里也有这样的例子。赵薇扮演的虎妈毕胜男，是个职场女强人，在家也很强势，就连马桶坏了也是自己动手修。而她的老公却在旧爱唐琳那里，正帮人家卖力地修着水龙头呢。当毕胜男目睹这一切时，她的内心崩溃了，本来她以为家里什么脏活累活都自己抢着干，老公会感谢她都来不及，没想到事实恰恰相反。他反而有更多的时间与精力去讨好别人显摆自己的能耐。

闺蜜铃子婚后分居双城时，她也曾能干得连自己都不敢相信。淋浴头坏了，自己捣鼓捣鼓竟然也修好了；断电了，她找来电笔、老虎钳，像个男人一样爬高上低把电给接上；买房子时，她东奔西走，从看房到拿下，都是她一个人在忙碌，老公在远处听她汇报进展。想想铃子做姑娘时，也曾是个四体不勤、五谷不分的大小姐，在婚姻当中，竟然被锤炼成十项全能的雌雄同体。不是老公不愿意分担，是因为战线太长，他够不着。当然，铃子心里也明白，这不是她一个人在战斗，但是她一个人，就像一支队伍，代表着他们全家。

举家团圆后，慢慢地，铃子又自觉退化成了一个连灯泡也不会换，在高速上不敢开车，只会做饭的笨女人。一个人不再是一支队伍，一个人就是一个人。嗨，再说，哪家男人不是高段位的维修工？还用得着女人亲自动手吗？

青葱岁月时，我们曾流行过读席慕蓉。我读过她的许多诗集，印象最深的却是她与丈夫合写的一本散文，书中细述他们夫妻的感情之好，被我视为人间美满夫妻的另一对楷模（还有一对神仙眷侣是钱锺书与杨绛）。他们深谙婚姻中的分担与分享。比如，夏日清晨，在孩子稚嫩的歌声伴着清脆的鸟鸣中醒来的席慕蓉，听见先生刘海北正悄声跟孩子们说："嘘，小声一点儿！妈妈还在睡觉。"他永远比她早起一刻，亲手做美味的食物来填充她的胃，因为她就不爱做饭。他永远是她的第一个读者，虽然不懂诗歌，却给予尊重和理解。然而，如花美眷，终究敌不过似水流年，如今，刘海北先生早已不在人间，与席慕蓉天人相隔，相互凝望了。

一篙子荡远了，回头再说说婚姻吧，它从来不只是两个人相爱那么简单，一辈子说长也长说短也短，有风雨雷电交加、有春花秋月静美，只要两个人共同分担与分享，这样的婚姻带给你的绝对是阳光、雨露和养分。

某天，先生忽然举箸感叹：老婆，我们结婚都快十五年了！我说，我老了。他说，你一点也没变。我喷饭，如果十六年前我就长得这样，你还会多看我一眼吗？

其实我知道，变化最大的不只是皮相，而是内心。"两岸猿声啼不住，轻舟已过万重山"。我们终将老去，所以，才学会了彼此珍惜，而青春年少的时候，哪里会懂爱情会变老，爱人会消失。

婚姻中，不要把所有的压力和重任都让一个人扛，一个人的轻松闲适往往意味着另一个人的负重前行；也不要有快乐自己独享，别忘了，你还有一个同谋。

两个人分担压力，压力会减半；两个人分享快乐，快乐会成双。

你因灵魂而被爱

同事安宁是个美人儿，美目盼兮、巧笑倩兮。当然她还自带成都女人休闲慵懒的特质，仗着自己丽质天成，不修边幅，成天运动鞋、休闲服，头发胡乱捋个马尾扔在脑后。但这并不动摇她在大家心中女神的地位，人靓嘛穿啥都好看。你看人家模特，裹个窗帘布也美得像仙女，若是换个姿色平庸的女人试试看？准成了一个东施效颦的大笑话。

直到那次安宁的人生出了点小“事故”，我们才看到女神的 B 面。她意外“中奖”，又不想生二胎，于是去医院做人流手术。然后我们几个女同胞就拎了营养品，去她家里探望她。

在推开她家门的一刹那，差点惊掉一干人的下巴。她家乱得像马上要搬家一样，从客厅地板到房间堆放着各种杂物，简直无从下脚，我都不好意思坐下来。隐约听到安宁说过她家乱，也脑补过各种零乱的场景，大约和女人偶尔偷懒时的家一样，但没想到如此乱象丛生。而且，安宁平日不喜做家务，更不爱做饭，做菜只喜欢"东北乱炖"这道菜，就是把各种菜放在一个锅煮熟就 OK 了。可是，就这么一个懒妹子，却是老公心中的宝贝疙瘩。每次快到下班时，她先生就在我们单位楼下恭候。一个电话打来，安宁就像恋爱中的小女人，用温柔得能拧出水来的调调说上几句，然后粉面含春地拎起坤包，向她老公的车飞奔过去。

有时，女人们在一起也八卦安宁，好奇像她这样的女人，不会收拾屋子，也不好打扮，连做菜都胡乱对付一气，你说她是过日子的人吧，还真不像。那么，她老公到底图她什么呢？漂亮吗？就算是仙女，十年看下来，也该审美疲劳了。可是，看他们感情蜜汁如新婚，那么，安宁总应该有什么过人之处，值得她先生深爱吧？

答案很快就找到了。一天，安宁说，她要在网上买几套衣服和鞋子送婆婆，还让我们帮她参考，因为她的婆婆即将去欧洲旅行。那一次，她共买了三千多元的行头送给老人，还郑重其事地叮嘱道，您到外面去，吃得好点住得好点，穿得也不能太寒碜，别让人家外国人瞧不起咱们，说完，又包了个大红包。老人家收到礼物、红包后开心得不得了。

安宁的婆婆我们都见过，因为有一次，还在试用期内的安宁因工作没做到位，误了事，领导很生气，本来就对她平时的懒散作风看不惯，于是打算借机辞退她。她婆婆闻讯赶来，跟领导求情，说她这个媳妇人很老实，心眼绝对好，希望领导能再给她媳妇一个改过的机会。虽然最后还是请了关键人物出来说话，安宁才得以留下，但一个婆婆为儿媳如此倾力相助，足以见证婆媳情深。据说，安宁还有两个妯娌，都是上海姑娘，但是婆婆却偏爱她这个外来的媳妇。

这就对了嘛。安宁是懒女人不错，家里从来就没弄干净过，最近说是买了个机器人扫地机，地板才略微可以看清纹路。可是，她照样被老公爱在掌心，因为她不仅爱他，还真心爱他的家人，从不计较花多少钱、费多少心思在公公婆婆身上。爱老公的女人多了去，但像爱他一样爱他的家人，这点，相信没几个女人能做得到位。特别是和婆婆的关系，没几个儿媳能处得好的。懒一点，乱一点，算什么呢？识大体的女人才可爱，男人才不傻呢！

既然相爱，彼此就温柔相待

跟安宁相反，我的闺蜜蓓蓓有洁癖，家里天天收拾得像五星级宾馆，客人一走就跪着抹地板、换洗拖鞋，弄得纤尘不染，日子过得井井有条。可是，她苦恼地对我说，她老公就是越来越不爱她，连续几个月都不碰她了。为什么呢？是不是他有外遇了？她说没有。蓓蓓说可能还是因为她的洁癖，导致他哪怕热情似火想立即与她"亲热"时，也非要赶他去冲个澡，他的欲火就这样被慢慢浇灭了，于是，身体与灵魂都渐渐疏离了她。

蓓蓓因此深感苦恼。

女人可以因为美貌而被爱一时，也可以因为灵魂而被爱一世。但是男人决不会是因为你把家整得跟五星级宾馆一样就爱你多一些，没准他还嫌你毛病多；也不会因为你把家弄得跟狗窝一样就不爱你了，也许他觉得这样更温馨随意。男人看女人看似肤浅，其实洞若观火，看外面的女人是只看皮相，看与自己过日子的女人，那是要细细掂量的，有一颗善良灵魂的女人才是值得爱一生，如果再加上美丽的皮囊，就赚大了。

别小瞧男人，他们往往表面上笨拙，其实内心鬼得很！

爱是平淡生活中的一束光

情人节前夕，小米问闺蜜慧子，情人节怎么过？慧子说，都老夫老妻了，还能怎么过？就当平常日子过呗，相互送点实惠的礼物，再浪漫一点的话，去电影院看场电影喽。

是看文艺片还是喜剧片？小米打破砂锅问到底。

哪里，他说要看谍战片呢！你知道我是最不喜欢看谍战片的。慧子无奈地说。

是啊，婚姻走过了七个年头，再绚烂的爱情也归于平淡，淡下来的，那才叫生活。女人们不过是打着情人节的幌子，趁机理直气壮地"从郎索双钏"罢了。女人总是说，老公，花就别送了，我养了许多花的；巧克力呢，吃了容易发胖，还是给我买双鞋，或者送个包包吧！仔细想来，钻戒、耳环、项链此类贵重东西多半是女人年轻时看到别人有，自己也要有的。近几年的情人节礼物早就从鲜花巧克力演变成鞋子、衣服、包包之类的东西。婚后，还有哪个女人不"改邪归正"，由浪漫主义转为现实主义？

记得小米还在热恋季时，有个情人节不是双休日。他在另一座城，相距几百公里，小米只有独自过寂寞的情人节。早晨他打来电话问小米情人节有什么愿望，小米说："只想你的礼物，陪我一起过。"晚上下班，就看见门口站着个手捧一大束鲜花的男人，朝着小米傻笑，露出一口洁白如玉的牙齿。

今年情人节前夕，他问小米怎么过、想要什么礼物，小米说不如我们去K歌吧？他说，就一家人有啥好唱的？！还没等小米说出要啥礼物，他又说，看中什么你自己去买吧，卡反正就在那里。小米顿时觉得一切都索然无味了。

但回头一想，其实送不送都没关系，不过是左手送右手的礼物而已；过与不过也无所谓，情人节就在那里。总觉得一个人对"情人节"的重视程度和一份感情的稳定程度是成反比的。比如，你不会经常去追问妈妈，你爱不爱我？因为你知道妈妈肯定是爱你的，她的心永远不会变。但你会问老公，你爱不爱我呀？因为他的心可能会变。当一个人的感情状态越稳定，那么他就越不在乎"情人节"。只有那些吃不准爱与被爱的人，才需要在这个特殊的日子被确定：TA 到底爱不爱我？ TA 有多爱我？

也许在一枚资深主妇眼里，拥有玫瑰与巧克力的情人节，远不如男人早早下班回来，和她一起下厨，两人在厨房边说着闲话边做饭；然后，端上一锅老母鸡汤、一盘清蒸鳜鱼、一碟子碧绿时蔬，还用透明玻璃碗盛着五颜六色的水果沙拉，营造出一片温馨的氛围。家人围坐，灯火可亲，这才是尘世间最高级的情人节的浪漫。要是饭后再牵手去看一场电影听一场音乐会，这个节日就圆满了。

电视里正在放王菲、陈奕迅的那首《因为爱情》："再唱不出那样的歌曲，听到也会红着脸躲避……"是的，在这个情人节，我们再也唱不出那样的歌曲。而天后王菲，却走过她的一场又一场爱情传奇，轰轰烈烈、世人瞩目。

寻常女人不可能像王菲那样任性去爱，我也并不赞同天后过于自我的处理爱情方式，可是，那是她的自由，她也有任性的实力。平凡如你如我，不可能制造什么传奇，也不希望那样折腾，更经不起那样的折腾。也许，我们凝视对方的眼神，不再那么热烈与冲动，但是心里仍是满满的依赖与爱意，那种血浓于水的爱。

　　只要他依然还爱着你，只要你还爱着他，每一天都是情人节。正如法国作家杜拉斯说的：爱是疲惫生活中的英雄梦想。爱是我们平淡生活中的一束光，有光照进来，生活就有希望。

在没有情书的年代

前几天翻一本闲书，是八卦鲁迅与许广平恋爱时写的情书。看到平时严肃尖刻、金刚怒目的鲁迅先生，在《两地书》中称心爱的女人为"亲爱的小刺猬""小白象""害马"，称儿子海婴为"小狗屁"，不禁大笑。私下里，鲁迅活泼、幽默、饱满的孩子气令人忍俊不禁。敢情名人谈起恋爱来，和咱凡夫俗子们也差不多嘛！

情书在民国时期最为盛行，文笔、意境也是美到无边际。像徐志摩写给陆小曼的情书，就热烈得像一杯烈酒，几近肉麻："龙，我的至爱，将来你永诀尘俗的俄顷，不能没有我在你的最近的边旁；你最后的呼吸一定得明白报告这世间你的心是谁的，你的爱是谁的，你的灵魂是谁的。龙呀，你应当知道我是怎样的爱你；你占有我的爱，我的灵，我的肉，我的'整个儿'永远在我爱的身旁放置着，永久的缠绕着。真的，龙龙！你有时真想拉你一同情死去，去到绝对的死的寂灭里去实现完全的爱，去到普通的黑暗里去寻求唯一的光明。"诗人的个性热情奔放，谁能抵挡得住这爱的熊熊烈焰？也难怪陆小曼为了他，放弃了美国西点军校毕业的丈夫王赓，和徐才子爱得死去活来啊。

而沈从文写给张兆和的情书，就显得含蓄而宛转："我一辈子走过许多地方的路，行过许多地方的桥，看过许多形状的云，喝过许多种类的酒，却只爱过一个正当最好年龄的人。"画面这么美，能闻得到芬芳。

这些情书的经典，慢慢地，盛极而衰，发展到了今天，情书已经日渐式微、芳踪难觅。好在我们那个年代的姑娘大抵都有幸收到过纸质情书。

至今，丽丽家中的书柜里，还完好无损地保留着她和先生所写的一沓一沓的情书，那些情书被她用红绸带精心地系成蝴蝶结状。每隔一两年，丽丽会拿出来温习一遍，相互调笑一番。虽然她先生每次会边念边笑得在床上打滚，还说牙都酸倒一片，但是，丽丽还是相当佩服当年那个见到写作文

愿你余生再无波澜，我自悲欢

就头大的理科男写起情书来的熠熠神采（虽然后来他坦白是泰戈尔的《飞鸟集》帮了大忙）。因为爱情，他曾当过诗人："姑娘，你从我身边经过，总是目不斜视；姑娘，请用你美丽的眼睛凝视我吧，我不会让你失望！"瞧，这表白得真够自作多情的啊！

婚后第一年他俩还延续着两地书的作风，这时应该不叫情书而称家书了。可是，家书因为时空相隔，充满了浓浓的相思意，所以写着写着，还是老情书。第二年，他们买了手机，手机不仅可以随时诉诉衷肠、吵吵架什么的，还可以发短信，虽然只能发英文版的，并且字数有限。但他们"LOVE"来"LOVE"去的，乐此不疲。就这样，温暖人心的情书时代终于被手机的快捷便利给替代了。手机换了一茬又一茬，屏幕越来越大，短信越摁越快，从此，他们不再写情书了，只以短信传情。只是，每换手机时，丽丽总是很纠结，因为里面有大量类似小情书的短信内容舍不得删，于是，她就拿出一个笔记本认认真真地抄下来，把它放在情书里一起收藏。

岁月慢慢地把他们过成了左手握右手般的老夫老妻。短信成了有事说事，实话实说的工具，鲜有肉麻的情话。这时，微信来了，它成了很多夫妻传情的新宠。

既然相爱，彼此就温柔相待

我同事 Amy 是个微信控，针眼绿豆大点的事儿她都要发布一条微信传朋友圈。有次，她做了几只形状大小迥异、歪瓜裂枣的南瓜饼，从正面、侧面反复拍了 N 张照片传到微信上，无人点赞，因为那真是惨不忍睹哪！可是，却有一人捧场，大唱赞美诗点评道："才女啊，你真能干，晚上是不是我就可以吃到这南瓜饼了？真幸福！"原来是她先生！

还有一次，Amy 上传了一道黄花菜、黑木耳炒烤麸的照片，据说这菜她做了整整三个小时，我们看菜的色泽有点黑乎乎的，可能是老抽放太多了，勉强点个"赞"吧，赞她的超级自信与勇气。可是又有粉丝在夸她："老婆，这是你的拿手菜，我敢保证比电视里美女私房菜的主持人做得还要好吃！"瞧，人家老公多懂事贴心啊，小绿见状心里痒痒，心想，我是不是考虑也让家里某人加个微信好友，捧捧场子，顺便传传情？

都说幸福是相似的，不幸才各有各的不幸。其实幸福也不见得就相似，天下有情人都有自己独特的表达恩爱的方式。有对小夫妻，他们传情的方式是递纸条，收集起来就是迷你情书集；还有一对喜欢互画漫画，画得丑萌丑萌的，万一哪天不小心出名了，还可以出版一本画册；最绝配的是一对化学老师夫妇，秀恩爱的方式是俩人没事就在家里做做化学试验。

在没有情书的年代，但愿"问世间情为何物，直教人生死相许"这样的古老情话，依然有虔诚的信徒。只要我们相信爱情，表达爱情的方式就不会消失，只不过换了个马甲而已。

悍妇的美好时代

婚姻如同四季，也有春夏秋冬之分。你不可能总是如夏天那般热情似火，也不可能时时如冬天般寂静安宁。有时，如春天般蠢蠢欲动，有时，也有秋天的惆怅恍惚。

结婚七年，闺蜜小洁遭遇七年之痒。

小洁那天早上也是无意中拨打了老公的手机，那时应该是他正开车途中，电话里还传出一个年轻女人的声音。小洁立即警觉起来：老公上班开的是私家车，怎么会有女人同车呢？

原来行政部新来了一个女大学生羽飞，家住小洁的老公上班必经的途中。羽飞在午餐时分，天天娇嗲地唤他"领导""前辈""大哥"，让他上下班捎她，省得她挤地铁坐公交，一路上要颠簸两个小时。男人其实是惧内的，他知道自家女人温柔起来像 Holle Ketty，发起威来就是只母老虎。因为爱，所以怕。但是，男人更好面子，不就顺路带个同事嘛，小事啊，OK！

小洁知道这事已经是他们同车上下班三个月以后了。小洁的老公身高 1.86 米，英气逼人，当初小洁就是看上他的帅，那时他啥都没有。如今他三十出头，有房有车、风华正茂、事业有成，正是男人的最好时光。现在年轻的女孩子谁不想嫁个现成的成功男士？结过婚又怎样？成功，人财两得；失败也没啥，反正还年轻嘛，重新开启一段感情还来得及。

小洁一想，这两人天天一起上下班不说，还天天上班也在一起，比和她在一起的时间还多了哎，日久生情了怎么办？顿时感觉危机四伏。

她对男人说，明天起，再不许带那个小妖精！否则后果很严重！男人为难地说，不好意思拒绝人家呀，因为顺路。小洁说那我来打电话告诉她。男人说，别啊，老婆，明天不带还不行吗？

第二天早晨，男人上班途中，小洁打了个电话，她只要他说一句话：老婆，我爱你。男人支支吾吾不肯说。聪明如她立即明白，他身边一定还坐着那个女人。就听见"咣当"一声，小洁把家里的电话机摔得粉碎，男人的心哆嗦了一下。

第三天早晨，小洁又用手机打电话给开车途中的男人。她还是让他说那句话：老婆，我爱你。男人因为当着那个女孩的面，依然不肯说。结果男人就听到"啪"的一声脆响，小洁的手机又被摔成碎片。男人的心又抽搐了一下。下班的路上，就赶紧买了个新手机给小洁。

这出戏反复上演一周，家里的手机、电话、锅碗瓢盆全被小洁摔碎光了，男人终于扛不住，跑到丈母娘那里哭诉要离婚，说自己根本就没爱上别人，只不过顺路带了一下，家里的东西就全被小洁砸坏了，你女儿根本就是个泼妇。小洁一点也不含糊，说那就离婚吧，我正好趁自己年未老色没衰，再找一个去。反正我们家的车都被妖精占领了，这个家很快也要被她占领了！离婚，你就净身出户！女儿归我。给你一周的时间好好想想。

男人在父母家里住了一个星期，最后还是乖乖地回到小洁身边。当然，副驾驶座上再也没有那个年轻的女大学生。一场因七年之痒萌发的小幼苗，终于被小洁拦腰折断。

小洁说：男人一旦有出轨的苗头，女人就得下手快、准、狠！因为他也在犹豫要不要玩一场火。一回头看见家有悍妇杏眼圆睁，就差拔刀相向了，赶紧撤退吧，不蹚这浑水了，回头是岸！

这是个情感泛滥的时代，有的女孩子，看到优质男就生扑上去，管他有没有主，抢到碗里就是她的菜。女人偶尔做个悍妇也好，亮出自己的底线：不卑不亢，你若身心已走远，我不拦；你只是走神一会，再回头，我是你的岸。

从小洁的身上，可以看出该彪悍的就得彪悍。但女人的彪悍要有底气，不是像《欢乐颂》里的樊胜美那样外强中干，虽然外表是典型的现代"白骨精"模样，骨子里却把自己的幸福完全寄托于某个男人身上。女人要有独立的经济与完整的内核来支撑，这样她不论嫁与什么人，结局是 Happy ending 还是 Bad ending，都可以保持自己的尊严与节奏，不至于在婚姻里迷失。

顺手的爱源自于心

结婚十年，大多夫妻在情感上已形同左手摸右手了，日子过得平淡如水，波澜不惊。可是，婚龄已十年冒芽的米兰夫妇却形同初恋。这真不是现代童话故事，保鲜秘诀无他，只因米兰老公一直保持着一个很特别的优点，使她对他青眼有加，让米兰沉浸在锅碗瓢盆的烟火深处依然对他每天多一点爱恋。

当他们的婚姻走过纸婚、丝婚、木婚、铜婚什么的，并没有遭遇所谓的七年之痒、八年之痛。吵是肯定吵的，他脾气不好，米兰性子急，拍案而起的日子要是叠加起来数字一定也庞大得惊人，但是米兰只要一想到这么多年他顺手送她的小礼物也可以装满一卡车了，就会迅速忘记他所有的缺点，比如他平时像个锯了嘴巴的闷葫芦、不会说好听的情话、不能自觉自愿地帮老婆做家务，等等。

有个笑话很形象，有人问妻子，你老公缺点多吗？她说，多得像星星。那他优点多吗？优点少，少得像天上的太阳。那你还不离开他？她说，因为太阳一出来，星星就不见了。

一般的男人，习惯于婚前送礼物给女友，婚后就把这俘虏女生的撒手锏弃之不用了。可是米兰的先生不论婚前婚后，一直能很贴心地每天为米兰顺手捎回来一些可心的小物件。比方说在书报亭买体育报时，他不会忘记随手给夫人带一份娱乐周刊之类。下班时经过德兴馆，那里的鲜肉月饼总是要排好长的队才能买到，他也会耐心地排一个小时的队买几只带回家给她解馋。甚至家门口新开了一家品牌内衣店，开业促销那天，他恰好路过，在门口犹豫再三，最终厚着脸皮拐进去，为她买了一套粉色内衣。

虽然他随手捎回的小礼物并不贵重，也不一定每次都能打动米兰，但是每次都能感动到她，因此收到每件礼物时米兰总是做欢呼雀跃惊喜状，就是为了鼓励他把这一优点继续保持下去。米兰说，男人有时就像孩子，你说他菜做得不好吃，他下回就再也不做给你吃了；你说他买的东西不好，他

既然相爱，彼此就温柔相待

下回还会买吗?

米兰先生顺手送给她最有意思的礼物，是那次他去海边疗养，捡回来好几只漂亮的石头和贝壳给她，还说只要把耳朵贴近贝壳的出口，就能听到大海的声音。米兰试了试，还真是！好生喜欢，于是把它们收藏在她的百宝箱里。最雷人的一次，当属那个夏天他随手捎回的小礼物，话说那天米兰正在厨房热火朝天地唱着锅碗瓢盆交响曲，他依旧是晚归。米兰一边做饭一边朝窗外张望，这人下班早该回来了，怎么还是不见人影，也不晓得回来帮帮忙！

结果，饭菜上桌时，他到家了，声音很响亮地说，要给米兰一个小惊喜，就开始从包里掏呀掏的，她万分期待地立在他身边，只见他掏出锡纸包装的三根细树枝。米兰纳闷了，这是什么神仙草？米兰先生则一脸羞涩地说，老婆，我送你的玫瑰花怎么只剩下树棍了呢？又从包里摸索了半天，掏出三朵没有枝杆、被踩蹦得不成样子的玫瑰花！米兰顿时笑得眼泪都出来了，说你这个人买了花，怎么还藏在包里呢？花应该是捧在手上吧！他嗫嚅道：那是因为出公司的大门口时，被一个卖花的小姑娘拦住了，让我买她的花，我一看她顶多十岁，就同情她这么小不上学却出来卖花，于是给了她一百元随手抽了三支玫瑰本想给你一个惊喜，想想自己都大叔辈了，也不好意思把花握在手上，就塞进包里了……他们的儿子嘟嘟闻动静从房间跑出来，看见玫瑰的可怜模样，也爆笑不已，三个人都站在门口笑弯了腰。

今年夏天，是儿子嘟嘟十岁的生日，而米兰因为不小心意外怀孕做了手术在家休息，不能陪他们一起去饭店为孩子庆生。米兰的先生和儿子及儿子的同学，一行十人去了饭店，米兰在家等他回来为她下鸡汤面。等到下午一点了，她饥肠辘辘时，他回来了，顺手带回来一盒热乎乎的该饭店有名的美味虾仁云吞，让米兰赶紧趁热吃，还说是儿子特意为她点的呢！

米兰心里暗暗高兴。看来，老公的这个特别优点有望被儿子继承并发扬光大下去了。慢慢地，米兰也学会回赠他一些顺手的小礼物，给平淡的生活制造一点小惊喜。

晓洁羡慕米兰嫁的男人浪漫，因为她老公婚后从来不主动送礼物给她，生日、纪念日什么的，就掏钱让她自己去买，她觉得很无趣。星座控晓洁于是认定米兰家那位是浪漫的双鱼座，米兰纠正她，其实她老公是非常龟毛的处女座，挑剔难处，他之所以一直能保持这个优点，是因为从一开始就让

既然相爱，彼此就温柔相待

他明白老婆好的就是这一口。顺手捎回的小礼物，不用花多少钱，无须费多少力，却给他们日渐平淡的婚姻生活充入新鲜的氧气，起到了长长久久的黏合作用。因为在他的心里时刻装着她。

男人如同长不大的孩子，他做每一件想讨好你的事，哪怕不是你想要的，你都不能打击他，而是拼命表扬就对了，不然，你还能指望他有下次吗？

一只汤碗里的两个勺

小菁如今回头看，嫁的这个男人还是蛮老谋深算的，她根本就不是他的对手。洞房花烛夜，他拿出一份协议书，让她看完后若没意见就签字。她心惊肉跳，不会是什么财产公证协议书吧？不错，房子是你买的，可装修费用、家具电器是我挣的，连结婚照也是我出钱拍的……当时她就悲愤地想，如果是财产公证协议书之类，就把它撕碎了掷到他脸上，然后昂首阔步离家出走。

结果，一看，是一份吵架协议书，内容只有四条，如下：

一、吵架时，不准骂对方的父母。（同意）

二、不许为给老人赡养费而吵架。（不就是给你父母生活费吗，也同意）

三、吵得再凶，也不准动手，如果实在是火大要发泄，可扔枕头、靠垫之类不值钱的轻软物品。（小气鬼，是怕砸坏了家里那几件值钱的东西吧）

四、最后一条最重要，哪怕吵到天翻地覆、天昏地暗，也不能说一个词：离婚。（滚，为什么不能说）

看完后，小菁把心放回原处，轻蔑地笑了笑，切，这么简单呀，你太小看人家了吧！欣欣然签字。并问，为啥不能提"离婚"二字呢？他说，吵架都是在气头上，一个说，离婚！另一个说，离就离，谁怕谁！就真的离了！就算没离，说这样的话也太伤感情了吧，所以不能提。

婚后，他俩因为个性原因，吵架成了婚姻的主旋律。第一次吵架，还在蜜月里。好像是小菁为了看某个电视剧要求换频道，他看球赛正酣，没依她（彼时家里只有一台电视机），于是，俩人就争吵起来。结果越吵越凶，先是脸红脖子粗，然后，她就开始摔东西，先把抱枕、书这种没杀伤力的东西往他身上砸，见他没反应，就试着投了一枚"深水炸弹"——一个白皮原木方凳，"哐当"一声在他面前落下来，山响！这下他被彻底激怒，小眼圆瞪、怒火中烧，做出要动手打人的样子，虽然举起的拳头最终没有落实下来。但是，她还是受到了内伤，心想，娶回家果真态度大不一样了啊，委屈的泪水，就像被拧开的水龙头一样"哗哗"地流。话说她那时年轻，梨花带雨还有一点杀伤力的（现在这招早已弃之不用），最后当然是他让步。

吵归吵，他们还是很努力地遵守吵架协议书上所写的每一条。没骂过对方父母，没为支付老人赡养费吵过（其实是给公婆，因为他们在乡下无社保），没有在吵得不可开交时提过"离婚"二字。

只有第三条小菁没有做到，因为吵得心头火苗乱窜时，不抓住那人的胳膊，咬出几个牙印来是不能解气的。他有时气极，怎奈好男不和女斗，就把她像扔沙袋一样往沙发上一摔，甩门而出。后来，她也反省，女人是不可与男人比武的，因为男人力气多大呀，一不小心，推推搡搡中，受伤的还是女人。再者，女人先动手，男人正气头上，万一还手了，形成习惯性家庭暴力多可怕。如此一想，小菁再也不动辄恃宠而骄动手脚了，练好嘴皮子功夫就成，反正男人嘛，大多嘴拙。

夫妻过日子，就像一只汤碗里的两根勺子，叮叮当当、磕磕碰碰在所难免。如果实在是避免不了战争，不妨签个吵架协议。一般来说，夫妻吵架谨记一条：不要触及对方的底线即可。他气极时，你放他一马；你气极时，他退让一步。千万不要在气头上说出伤人至深的话，做出无法挽回的事。如此，吵完架后，没准夫妻感情还能柳暗花明又一村呢。因为吵一次，你就了解他多一点。谁还没有一点小脾气，因为懂得，所以才会有怜惜与退让。

男人其实也浪漫

文艺女小影在朋友圈分享他们一家三口在马尔代夫度假的惬意生活。那些照片看上去既温馨又浪漫，妙不可言又忍俊不禁。

特别值得一提的是其中一张，她和先生都穿着花团锦簇、以粉色打底的泳装合影时，两人的手臂圈成了一个大大的心形，把我和小伙伴们看呆了。你想想看，一个理工男，平时在外企做管理，穿得西装革履，一副体面绅士模样，如今华丽丽地摇身一变，换上老婆给整的花里胡哨的粉色泳装，勇敢地露出自己已然发福的肚腩，还愿意和文艺老婆一起携手凹造型，多么不容易啊！

小美和叶子当即纷纷表示，自家那位先生是断然不会答应这样的请求的，因为他们会认为这样做很幼稚可笑或者肉麻兮兮，是小年轻才玩的把戏。

虽然这样想，小美心里却也想试探一下某人，于是问他，如果外出度假，你愿不愿意和我穿上情侣泳装，在沙滩上摆个 POSE 拍照，比如摆个心形、千手观音什么的？他竟然立刻、毫不犹豫地就答应了！小眼睛里还闪动着好奇与惊喜。这让小美大吃一惊：平时看上去那么一个笨口拙舌、不善言辞的技术男，对于这些看似文艺浪漫爱情片里的矫情桥段竟然也非常神往，是不是作为妻子的，太不了解他了？

刚结婚时，小美也还算浪漫之人。经常借各种名头搞庆祝活动。比如，登记结婚日是值得纪念的日子，摆酒席宴请亲朋好友的那天也是结婚纪念日嘛，彼此生日、第一次拥抱、接吻等都可以美其名曰纪念日……他也会送小美鲜花、礼物、看场电影什么的。一年三百六十五天，就会因有许多画在日历上的特别日子而过得鲜活生动，有盼头。可是，随着孩子的到来，家庭琐事陡增、一地鸡毛横飞，再精致的生活也会慢慢露出粗粝的本质。加上结婚年限越长，眼神里不再有含情脉脉的凝望，更多的是一种习以为常的索然，对彼此的关爱也越来越草率。

一个家，尤其是当女人对生活疲于应付、浪漫消失时，男人必然也会变得越来越务实……且慢，也许、也许男人的内心，也曾掠过失望、挣扎与不甘的一瞬？

其实小美一直羡慕，那种一生都能保持着浪漫气息，有颗少女心的女人。每一个中年女子，身体里其实都住着一个花样少女。小影平日工作繁忙，但是只要休闲在家，那她的日子就过得五彩纷呈。榨花样百出的果蔬汁，烘焙精美的西点当早餐，与家人一起微旅游，写些都市时尚女白领的文章发在报纸杂志上，书出了一部又计划下一部，每天过得兴兴头头，精致精彩，看得人眼花缭乱。而小美呢，今天重复着昨天的刻板日子，波澜不惊、不喜不忧、寡淡无趣。一年四季，除了孩子的生日他们会略略重视一下之外，彼此的生日如今几乎忽略不计，更别说什么纪念日了。有时他的生日，她连一句祝福的话都会忘记说。孩子成了家中的小太阳，他们不知不觉成了围绕着太阳转的向日葵。

有人说男人是船，女人是舵手，女人决定一个家的航向。小美决定改变一下。上个月是他们结婚纪念日，小美提议一家人骑单车去大宁灵石公园玩，因为骑车既环保又健身，然后就在外面就餐，再一起逛街，每个人都会得到她准备的一份心仪的小礼物。女儿边骑车边开心地说，这是我们家第一次集体骑单车出游呢，妈妈，我喜欢这种感觉，很开心很特别！只见娃爸眼角含笑，初夏的阳光温和地抚摸着他们的脸，洋溢着欢乐和满足。小美开心得想吼歌。

如今，小美他们家每年会远游一次。那次在歌诗达邮轮上，老公还非要跑到船头与小美一起张开双臂摆个《泰坦尼克号》电影里"迎风飞翔"经典姿势，让女儿给拍摄下来。还说这是他此行最大的一个心愿，酝酿已久。真当刮目相看啊，谁再敢说工科男不浪漫，小美准会拍谁一砖头。

过日子，平淡是正餐，浪漫是甜点。甜点当然不可以当主食，只是忙碌之余，女人偶尔撒上一点浪漫给生活做浇头，孩子会欢喜，男人会惊奇。并且，他也会慢慢制造一些出乎意料的惊喜，当然，有时也是惊吓。就算是被惊吓，也是小意思，话说过日子久了的女人，内心都很强大很有张力，谁不是经历了从前见到小强要尖叫如今敢捏死的成长如蜕的受虐过程？

因为有了浪漫点缀，日子却从此两样，生活立即有了鲜活的流动感，元气满满。

给生活唱支小情歌

那天下班回来，女人照例猫进厨房忙忙碌碌。每天想着晚餐吃什么，她已黔驴技穷、烦不胜烦，心想，谁若说他永远热爱厨房，看我打不死他。这不是没办法吗，谁让她每天都第一个到家，另两位要等到菜上桌了才能露面呢。

才进厨房，就听门铃响了。这个时候会有谁呢？可视电话里楼下的快递哥手捧一大束鲜花，她想，可能他是送花到我们楼上的那个姑娘家吧，只是摁错了门铃，那就帮他开一下楼道门吧。

结果，快递哥没弄错，是她猜错。这么多的玫瑰花竟然是送给我的！女人吓了一跳。

平静下来一想，能给她送花的，除了某先生外还能有谁？今天才是他们结婚十五周年的纪念日，虽然上周末已经提前庆祝过，礼物也早就用上，但是他还是给了她一个大大的惊喜。

九十九朵玫瑰摆成一个心形的图案浪漫无比，玫瑰的周围是一圈淡雅的满天星。花中插着一张明信片，附有理工男一句老老实实的大情话：老婆，爱你一生一世。

没有心跳如小鹿乱撞，只有如水般感动。结婚十五年的老夫老妻，十九岁就相识的两个人，除了恋爱时他送过一大束玫瑰外，这么正式的送花，应该是第二次。第一次，也是一大束花、一张明信片、一句情话：爱你，一生一世。平常人家也不是没送过花，更多的是在街上偶遇卖花的儿童，用同情心大于爱老婆之心随手买下几朵送她的吧。

但是这束美丽的鲜花，让女人这颗日日战斗在厨房早已疲倦暗淡的心，忽然明亮起来。边哼着情歌边做着菜，有人说好心情做出来的菜会味道更佳，果然，不仅那晚的三菜一汤超出平常水准，饭桌上连她说出来的话都字字珠玑。人逢喜事才华横溢啊。

仅仅过了一周，玫瑰花全部枯萎。这时，那个俗气的女子又抬头了，对女儿吐槽道，你说你爸花几百大洋买来的花，只开一个星期就败了，值得吗？还不如我们仨到外面撮一顿呢！女儿听了不屑地说，老妈，你能不能别这么俗气，当然值喽！这花虽然败了，可是它开在你心里了呀。女人一听，乐了，这娃是我生的，真会说话，立马不肉疼了。

女人作为一名资深主妇，在油盐酱醋里浸泡太久，有时未免现实得面目可憎，总觉得送一大束鲜花没什么用，还不如送盒巧克力来得实惠。可是仔细想想，鲜花令人赏心悦目，像久雨的天气突现一缕阳光，或者是琐碎日子里听一支清新的小情歌，能让日子过得别有一番风味。

周国平说："世上有味之事，包括诗、酒、哲学、爱情，往往无用。吟无用之诗，醉无用之酒，读无用之书，钟无用之情，终于成为一无用之人，却因此活得有滋有味。"这话说得真好。虽然爱情已然过渡成亲情，寻常日子又鸡毛蒜皮得令人疲倦，时时磨灭生活的激情，但只要我们稍微用点心思，就可以把日子过得随时随地有滋有味。

于是，她下载了一个订花 APP，上网订鲜花，每周一送，玫瑰、洋桔梗、马蹄莲、郁金香轮番亮相在漂亮的陶瓷花瓶里，看了心情就美美的；关注美妈的一日三餐，每天下厨精心烹饪，晚上俩人再对饮一杯红酒，感觉日子过得是与昨日

既然相爱，彼此就温柔相待

不同，仿佛镀了一层光。

那晚她告诉他："等到八十岁的时候，我还是要做个美丽的老婆婆，说不定还有八十岁的老头子暗恋我呢。"他说有啊，肯定有个八十岁的老头明恋你……这下可把她乐坏了。又问他，那等我们结婚五十周年的时候，你还会不会送花给我这个老掉牙的美女呢？他说，当然会呀！

情话不必天天有，偶尔听听就好。如果你觉得生活无趣时，可以给平淡的生活唱一支小情歌："我要稳稳的幸福 / 能抵挡末日的残酷 / 在不安的深夜 / 能有个归宿 // 我要稳稳的幸福 / 能用双手去碰触 / 每次伸手入怀中 / 有你的温度……"

⦿ 第二辑

烟火深处，拨开云雾见天日

家常小"吵"，吵吵更健康

　　《红楼梦》里写贾宝玉与薛宝钗结婚后，两个人相敬如宾。当即觉得他们不是正常的恩爱夫妻，他们彼此是生分的，至少在灵魂上，彼此陌生且不融，相当有距离感。天下夫妻谁不是吵吵闹闹呢，杨玉环和唐玄宗吵架后，一生气回了娘家还要被请才肯回宫呢。试想假如贾宝玉娶的是林妹妹，他们就会生气、吃醋、斗嘴，然后再和好什么的，而不是什么你待我如宾客、我敬你如鬼神。

　　艾米结婚后，因为双方个性原因，吵架可不少。习惯是在刚结婚时养成的，每次吵完架，必须是男人先让步，哄得艾米开心了战争才算结束，所以说什么事在一开始还是比较好掌控，相习成俗，到后来再想扭转乾坤就相当困难了。这一点，没结婚的姑娘可以参考一下哦。

艾米嫁的这个男人除了脾气不好，其他什么都好。但只要他牛脾气一上来，翻脸比翻书还快。刚结婚时艾米还是努力维持淑女范儿，不和他吵，结果气积于心，脸上开始冒出许多小痘痘，后来干脆满脸都是，这不是间接地毁容嘛。艾米后来豁然开朗了，做淑女哪有做泼妇开心啊？天天这么隐忍，忍到内伤不说，迟早有一天还会被毁容到没脸见人了！管他有没有理，想吵咱就吵！

从此，他们的婚姻生活里，吵架就像炒菜一样频繁，并且时时翻新，有时是"水煮断肠"般的决绝，觉得这日子过不下去了，干脆散伙吧。有时是"麻婆豆腐"似的麻辣，你呛我我呛你，忍不住还动动手脚。当然，还有类似"番茄炒蛋"这种隔三岔五就要来一碟的家常小"吵"。

吵吵闹闹一晃就十年过去了，艾米夫妇也由血气方刚的青年步入了岁月安稳的中年。但是吵架从来不曾远离，有一点好，他们吵完后不冷战、不隔夜，每次都是艾米的先生先低头。

晚上十点多，两人为孩子的教育问题又产生了分歧，于是争吵起来。男人指责艾米对孩子太放任自流，以至于孩子养成了许多坏习惯，比如拖沓、马虎，还把这些责任全都推卸到艾米身上，说什么"子不教，父之过；女不教，母之惰"。

艾米当然很生气了，婚后他们一直过着双城生活，是她独自一人含辛茹苦地把女儿带到十岁后，才阖家团圆。女儿从小学业优秀、大方自信，为此艾米付出了多少心血，他不感谢也罢，还挑出孩子的许多小毛病来怪罪她没教育好。于是，激动地拍案而起：吵！当真我一堂堂文科生吵不过一介理工男？

于是，艾米干脆利落地把皮球又踢到他身上：因为女儿曾经在他身边待了半年，受他管教后，才变得如此拖沓。他一听这话，立刻脸红脖子粗，却又无言以对，嘴笨啊，没办法。

本来艾米是逗一时口舌之快，这下看他气成那样，又心疼起来，这要是真把人家生生气出毛病来可怎么办？男人可是家庭支柱啊。

男人在床上吐气如牛，坚决不低头，艾米翻来覆去地想找个台阶下可是找不着。可是这样僵持下去，两个人都会一夜不睡，第二天都还要上班，怎么办？都说婚姻中先低头的

烟火深处，拨开云雾见天日

那个人是天使，人家当天使许多年，艾米想，咱不妨也豁出去当一回天使吧！

于是，艾米伸手拍拍他气鼓鼓的青蛙肚，温柔地说：别生气，小孩子总有小毛病的，不然就不叫小孩了，况且咱家闺女已经很优秀啦。从不低头的那方一低头，疗效显著，他果真气消了一大半。

然后，艾米继续说：亲爱的，从现在起，让我们过一种不生气的生活。等到我们都白发苍苍步履蹒跚的时候，还要做彼此的拐杖呢。

他听了，握住艾米的手，一点也不生气了，不一会，鼾声如雷。

有时候，和风细雨沟通不了时，不如来一场暴风骤雨，把彼此积郁心中的毒素排放出来，人也会活得更简单从容。

满目山河空念远，不如怜惜眼前人

有人总结，张爱玲之所以没有林徽因活得那么幸福，是因为她的手里没几个著名的男闺蜜做备胎。由此得出一个结论，女人一生都要有备胎才有安全感，在婚姻出现危机时，有下家眼巴巴地等着接手。

真是这样的吗？

答案当然是否定的，安全感是自己给的，要什么备胎呀。

兰妮一早出门上班，打开手机，走出电梯没几秒钟，就听到嘀嘀嘀的手机短信提示声一连串响起。她心想，谁一下子发来这么多短信，不会又是老妈摁错键了吧？定睛一看，是手机名单中那位"WHO"发来的，顾名思义，她尚不知此人是谁，但是偶尔能收到他的问候短信，问过他是谁，不回答。兰妮又不是芳龄十八，当然也没心情玩"猜猜我是谁"的游戏。

兰妮把一条条短信看完，发现"WHO"竟然是凌晨三点发来的。看着看着，她终于知道这个人是谁了。原来是他。青春年少时，他们曾有过短暂的感情交汇，但是她觉得他不是她的菜，于是转身离开。多年以后，两人各自开枝散叶，已背对背越走越远，终究成为陌路。

短信里却是一条比一条更深情款款，从回忆青春初见到后来他的寻找、再到得知她已经远嫁他乡的失落，看上去就好像在放映一个人的青春短片，读上去则是一篇完整的情书。一个只剩下青春无几的女人，收到这样的情书应该很感动吧？兰妮是有些感动，但心里却波澜不惊。作为一个婚姻平淡却不乏幸福感的女人，最先想起的是躺在"WHO"身边的那个女人，如果真如短信里所言，他一直爱着兰妮，那作为他的妻子岂不是太可怜了？莫非每个男人心里都真的如张大才女所说的有两朵玫瑰？那家里那个天天躺在自己身边的男人，会不会也心里暗藏着另一朵玫瑰呢？

想起张张，结婚、离婚、复婚，半辈子都跟前任纠缠不休。为了前任，放弃了对她百依百顺的丈夫，等着当初一无所有现已事业有成的他离婚再娶她过门，一等等了五年，依然没有等到。她失望了，与前夫又复婚。可是，前任却一直调戏她，给她发微信、打电话来约她，而她也一直背着丈夫偷偷与他频繁约会。前几天，她过四十岁生日，举杯感叹："一辈子真快，稀里糊涂地就过了一半。"我们都替她觉得不值，前任是真的爱她吗？如果真爱，为何不娶她？为何从来不肯为她花大钱？为何从来只把她当成一个备胎？

有人说，现代人的婚姻都是极其脆弱的，没有谁是谁的永远。看看演艺圈的出轨事件一个个引爆眼球，昨天还满世界秀恩爱，转眼就琵琶别抱，令人唏嘘不已。有人总结，因为男人背叛起来比翻书还快，所以女人得人手一个云备胎，在婚姻之车行驶在途中出现状况时，好抓起备胎及时换上。

可是请记住啊，绝大多数备胎使用期只有四年，四年之后就算没用过也要换。而那些极少数有幸被使用的备胎，一般也都只有一次短暂的使用机会，用过之后就要及时更换上正式轮胎。没错，备胎永远不能变成正式轮胎。

兰妮觉得她的婚姻目前无须备胎，也没必要揣测人性，至于何时需要个备胎，根本没时间考虑，她现在考虑的是如何成为一个更好的自己。安全感是自己给的，不必借助男人。

于是她回了一句古诗给"WHO"："满目山河空念远，不如怜取眼前人。"

是的，何必对得不到的如此念念不忘呢？与其远远地幻想，不如身边的软香软玉抱在怀里来得实在。心里曾有过谁谁、至今仍有执念的男人女人们，你们都该醒醒了。得不到的人，之所以让你觉得美好，是因为那是你在想象中给 TA 加了层层滤镜，虚幻得并不真实啊。

做女人就要快意恩仇

娱乐圈的俊男靓女们出轨事件持续不断，乱哄哄你方唱罢我登场。从几年前的文章马伊琍夫妇到王宝强马蓉，再到陈思成佟丽娅等，婚姻遭遇车祸现场后，一片狼藉，惨不忍睹。名人婚姻出事，看戏者众，几乎都在发出同一个声音，快离了吧，这种人渣，离开 TA 你配得上更好的。一旦真的轮到自己时，反而没那么果敢决绝了。

小羽老公出轨的时候，儿子棒棒才五岁。一向女王范儿的她，怎么也想不通，看上去老实、害羞而帅气的枕边人，是什么时候跟那个小狐狸精勾搭上的？在她一点也没有觉察的时候，他就成了别人口口声声唤着的"老公"。

当小三出现时，离还是不离，这是个问题。所有的闺蜜都劝小羽为了孩子原谅男人一次。他们是大学同学里硕果仅存的一对，不是没有感情基础。她于是忍了，可是忍得夜夜痛彻心扉：他追她的时候那才叫执着啊，她当时美而聪慧，只因个性强势，暗恋的人多、敢追的人少，于是，他侥幸成功了。

婚后的日子虽然鸡零狗碎的，但是不乏幸福。可是他竟然在外面有了新欢。小羽觉得自己无论如何也咽不下这口气：当初，人人都说我是下嫁了，他竟然不珍惜我，凭什么要我原谅和包容他？为什么男人出轨，都要女人从自己身上找原因，这都什么年代了，姐才不要委曲求全。

在男人痛哭流涕的忏悔声中，小羽还是咬牙带着儿子头也不回地离开他。反正凭她的才华，没有男人她一样不缺钱。

离异后，男人并没有和小三结婚，小羽却没闲着，先后谈了两个男友，但都达不到她想要领证的高度。五年后，他们又复婚了。小羽胸口的那口气也早就烟消云散，她觉得心里平衡了。一家三口重新在一起的时候，最开心的当数他们的儿子棒棒，他在新搬进的大房子里作了人生中第一首诗："啊，生活是多么美好啊！"

另一个闺蜜亚美面对老公出轨，则因为她太爱这个男人，不舍得放弃这个家，又从保护孩子的角度考虑，选择了原谅和宽容。可是，后来的日子里她变成了一个怨妇。只要两人一吵架，必定是她自揭伤疤，哭哭啼啼地进行一番血泪控诉，没完没了。男人则连呼：你看你的样子，根本就是个怨妇嘛！前些天，还看到她的 QQ 签名上写：每一个雨天来临前，手上的伤疤都会隐隐作痛，手犹如此，何况心呢？

亚美手上的伤疤，是在小三打上门的那夜，她割腕自杀未遂留下来的。

俗话说：痴心女子负心汉。男人和女人是两个不同的物种，连情种徐志摩都为男人开脱过："让女人念念不忘的是感情，让男人念念不忘的是感觉。感情随着时间沉淀，感觉随着时间消失。终其是不同的物种，所以谁又能明白谁的深爱，谁又能理解谁的离开？"

当大老婆遇到小三来占位时，离还是不离，全看女人想不想要这个男人了。在这一点上，我最佩服的是村姑江冬秀，传说当胡大博士要求离婚时，她一把菜刀横架在自己的脖子上，威胁道，离婚可以，我先杀了两个儿子，再自杀！一把菜刀就成功地捍卫了自己的婚姻。当然，江冬秀也绝不是个头脑简单的女人，虽然她识字不多，但聪慧、大气、明理，至少深知自家老公有多么爱惜自己的羽毛，她知道他的"七寸"在哪里。

女人面对男人的出轨，做泼妇还是做怨妇？是忍，还是滚？不妨先听听自己内心的声音：如果你还深爱那个男人，却做不到像傅雷夫人朱梅馥那样的千般隐忍，那就做江冬秀吧，至少恶气出掉了，有利于身心健康，不至于被气得早早挂了，到时候还有别的女人"霸占咱的老公，住了咱的房，还打咱的娃……"

女人长得美不美不是最重要的，关键看她是否有足够的智慧掌控人生。生得美却没脑子的女人容易把人生弄得一团糟，有头脑没颜值的女人照样可以幸福满满。如果你既有颜值又有头脑，那么恭喜你，你的人生尽在你的掌控之中。

泼妇也好，怨妇也罢，女人活得最好的状态是开开心心、有话直说、仗剑天涯、快意恩仇。人生那么短，何必委屈自己。

谁是家里的 CFO 其实不重要

女同事常在办公室里讨论：在家里谁掌控财务，老公的卡在谁的手里。结果调查发现，所有上海的女同事，老公的卡都紧紧握在她们手里，而外地女人则全是老公自己掌握。这说明，上海女人一向比较精明，善于管理男人。

结完婚，素素理所当然地掌管了财政大权，成了家中的CFO。他们分居两地，他一回来就把挣来的银两如数交给她管。她深知自己在家里"位高权重"，可是竭尽了全力，面对琳琅满目的锦衣华服、时尚包包时，总是做不到把口袋捂得严实些，再严实些，那些银子经过她的纤纤细手，哗哗地往外流。

半年后，他查问家中的财政状况，素素支支吾吾对不上账了，漏洞百出，钱不知去向。她又急又恼，本来嘛，谁能把花出去的钱再——一对上账？！我又没记账的习惯！

先生诡秘地察看素素的手，让她十指并拢，得意地说，你瞧瞧，竟然有这么大的缝隙，你这人根本不适合当CFO！难怪咱们家的钱全给你管没了，原来是从这里漏掉了。说完就要罢免女人的财政大权。她当然不肯释权，说，这才当了几天财政总监，没经验！以后花每一笔钱我都电脑记账，然后给你看，哪里不妥咱改正。他说好，再给你一年试用期，不行，就自动交出财政大权。

一年后，账是做得平了，但是素素还不乐意当CFO了，太麻烦了不是吗，于是华丽丽地释放财权。虽然做着一份与数字打交道的工作，但是，天生对数字不敏感的她，对管钱这码子事其实一点兴趣也没有，根本就不会理——你不理财，财就不理你。财政权交给男人掌管之后，素素甘心退居二线当顾问。顾问顾问，一万以上才问一问，一万以下就不闻不问。他们买房买车，他有计划地规划着他们的未来，而她落了一万个省心。

可是，有一天，CFO没经过顾问大人素素的同意，竟然动用了两万元给他的父母。她生气了，什么意思啊，不把顾问当领导？凭什么动用五位数了都不和顾问先打声招呼？并且是给你的父母？她恼羞成怒地兴师问罪，他则一脸的歉意，说，老婆大人，真对不起，我一听到父亲生重病的消息，就什么也没想，立即打了钱过去！她换了个角度一想，也是，一个男人如果对自己的父母都不舍得掏钱，那他还算个男人吗？但是，顾问也郑重告诉他，以后，就算是给父母的钱，双方均有知晓权。孝顺父母不是一个人的事，结婚以后就是双方共同的事，他举手表示赞同。

有一天，她和闺蜜聊天，说起自己在家是个甩手掌柜，先生是家里的 CFO 时，闺蜜大吃一惊，骂她："天下有你这样的傻女人吗？你不知道，现在的男人口袋有两个钱就作妖作怪？不瞒你说，我不仅在家管财政大权，还偷偷藏了一笔私房钱呢！有四五十万呢！"她一愣，你藏那么多私房钱干吗？她说，万一哪天过不下去了，我至少不会人财两空啊！

听闻此言，她表面波澜不惊，心里则惊了又惊，如果夫妻都做到彼此设防的份儿上了，不知道还有多少情感在里面？夫妻之间谁掌管钱并不重要，重要的是彼此信任，知己知彼，方能百战不殆。素素才不傻呢，她家先生就是个铁公鸡，他管钱后，硬是把她花钱大手大脚的毛病给改了！一个家，彼此信任是王道，把钱管好是门道，小日子越来越红火才是终极目标。

至于谁管钱，有那么重要吗？幸福的家庭本来就没有固定模式，找到适合你的那款就好。

做男人一生中最珍贵的首饰

有一次看朱军采访著名作家刘墉。

刘墉的太太对丈夫的评价是："他是一个极有情趣，也极没有情趣的丈夫，他会在我面前唱歌、跳舞、献花。但他不喜欢逛街，更不喜欢上馆子吃饭，尤其是家里来客人或参加集会集体上馆子吃饭他都不配合。他是一个极大方又极小气的人，他喜欢捐学校、做公益，但坚决不用自己的名字，他舍得给我买衣服、买首饰，但他上电视永远穿那套西装，打那条领带，冬天还总是穿着那件三十年前带到美国的很丑很旧的羽绒服……"

对于太太这番评价，刘墉先生则美滋滋地说："没错，我穿那件羽绒服进商店人家确实不理我，认为我是个乞丐。可当我太太穿着貂皮大衣，戴着耀眼的首饰走进来把我的手一挽！人家马上就对我热情了。这使我从中体会到，男人也佩戴首饰，太太就是丈夫的首饰。"

掌声四起。刘墉说的这话，我的理解是，太太如果是丈夫的首饰，那一定要做男人一生中最珍贵最爱惜的一件首饰，否则，他今天戴这件，明天又戴那件，岂不是"乱花渐欲迷人眼"了？同时，作为女人，也从这话中得到启示：女人，说到底还是要悦己悦人啊，因为我们是男人的首饰！那首先我们得把自己当成珍贵无价的珍宝，时时打磨，时时翻新；其次，如果想嫁人的时候，要擦亮自己的眼睛，一定要嫁个一辈子把你当成明珠那般爱惜的人。两者缺一不可。生活中不乏这样的男人：没娶回女人之前，像捧一颗夜明珠一样小心翼翼；娶回来后，女人就成了一颗玻璃珠。所以世上才有那么多的怨妇。

女人嫁个把你当一时宝贝的男人并不难，难的是，他一辈子都把你当成手心里的宝。作为男人首饰的女人们，要想成为男人一生中最珍贵的唯一珠宝，也只有提升自我的价值，你都价值连城了，还有男人敢小瞧你吗？可是你我皆凡人，怎么可能有价值连城的机会？那又有什么关系？我们可以把自己打磨成男人脖子上的那块玉，用天长地久的厮守融入他的生命。就算有一天，男人不爱了，摔碎那块玉，你流泪的时候也会沾着他的心血。

有人说，婚姻是场资源组合，开始时，你们旗鼓相当，可是后来，当一个走得太快，另一个跟不上时，危机就来了。有个比喻是这样说的，当你的男人爬到十五楼时，你还停在五楼，这时，他遇到一个姑娘，愿意和他一起爬到二十一楼，那么，就意味着你要被淘汰了。

所以，女人千万别以为生得好嫁个好男人，生了儿女就万事大吉。瞧瞧人家张柏芝那么美，还养了两个帅儿子呢，结果谢霆锋还不是抛弃她重去找旧爱王菲了？总觉得张柏芝输在没有王菲那么善于管理情绪，梳理内心。一个脾气暴躁、情绪冲动的女人总会令人退避三舍。

作为女人，最好的办法是，什么时候都不能停止自己前进的脚步。只要你做最好的自己，内外兼修，把自己打磨成闪闪发光的钻石，谁还会小瞧你？网红富二代王思聪手撕过半个娱乐圈，但他却对屡次传出离婚的当红艺人杨幂情有独钟，曾向她喊话，"四海八荒的第一美女，等你离婚了我就娶你！"而杨幂已婚育女，为什么还这么讨人喜欢呢？无非是这

烟火深处，拨开云雾见天日

姑娘颜值、情商、智商都非同凡响，外貌与头脑同样令人着迷吧。

男人也有"大姨父"造访的那几天

女人是情绪化的动物，特别是"大姨妈"到来的那几天，总是想发无名火。但是，如果有一天"大姨妈"彻底不来了，她们又会失落。

小仙一向比较后知后觉，从没有听说过男人每月也有几天"大姨父"造访之说。直到有次看江苏卫视主持人孟非的博客——他把博客直接更名为"每月四天不爽"——直指男人也有几天"大姨父"造访，当下窃笑不已。

曾经有一次男人下班归来，明显情绪不佳。黑头黑面地对小仙说了句："给我来碗蛋炒饭。别的我什么都不想吃。"

小仙是个容易满足的快乐女人，天天乐呵呵的，本来心情不错，却见男人脸拉得比央视前主持人李咏的马脸还长，就故意逗他："什么蛋炒饭，明明是饭炒蛋。你说是饭多还是蛋多？"

男人："你这人，哪来这么多废话？管它蛋多还是饭多呢。快去炒吧！哥要吃。"

小仙："哟，今天咋了，好好的谁招你惹你了，回来给我脸色看？你说是谁欺负你，我帮你削他去！"

男人："没人惹我，我这几天就是心情不好！别烦我啊，小心我找你吵架！"

小仙："那就让我们先吵架后炒饭，WHO 怕 WHO？！"

小仙知道男人属鞭炮的火暴性子，燃点很低，一点就着，但是开关一直牢牢掌握在她的手里。

于是，小仙成功点燃导火索，两人噼里啪啦、火花四溅地吵了一架。当然，这次，她收敛平日的伶牙俐齿，故意让他赢了一局。她知道男人最近在工作上遇到点挫折，这几天颇有些郁闷，不让他发泄出来，结郁在心，对身体不好。人到中年，才明白夫妻本是一双筷子，少了一根就玩不转，所以，对他好，也就是对自己好。夫妻本是个整体，互相影响、枝藤相连、相依为命。

谁都同情哲学家苏格拉底，娶个泼妇做妻子。说他某天被妻子吼得受不了，逃出家门，刚下楼，一盆脏水当头泼下。他抬头看天说："我就知道，响雷过后，必有大雨。"哲学家的自嘲与幽默，让多少人景仰。

可是我们被蒙蔽了不是？直到那天看到他妻子苏珊那的自白：

"我是苏格拉底的妻子苏珊那，我的丈夫是一个著名的懒汉。他每天一大早就起床，吃完早饭就出门了，他没有工作，我也不知道他每天都在外面做些什么。家里的日子很贫寒，总是无米下锅，我很为家里的生计着急，觉得不能每次都靠柏拉图他们来接济，咱们家应该自食其力，于是每次都劝他找份工作，干个家教什么的，但是他从来都把我的话当耳边风。久而久之，我就不知不觉提高了嗓门对着他吼，可是他还是不搭理我，兴致来了，他就跟我吵一两句，每次都气得我哑口无言，我就只有大吼，后来听说在街上都能听见我的声音了，我觉得很不好意思，憋了很久，可是憋着嗓子说话让我很难受，不知不觉我的嗓子又大了起来。"

瞧，泼妇原来是这样炼成的！很同情苏珊那背了那么多年的黑锅，原来名人家的锅底也是黑的嘛。

夫妻之间没有不吵架的，只要感情大方向没出问题，其他全是鸡毛蒜皮。让我们做彼此的出气筒和垃圾桶好了，千万别在外面找男闺蜜、女闺蜜倾诉什么的，时间久了就麻烦大了。旁人常夸小仙找了个好脾气的男人，那是因为他的坏情绪在关起门的家里找到了出口而已。

男人每个月也有"大姨父"来的那几天，火气有点大，心情有点烦，女人就陪着叮叮当当吵一架呗，绝不会让他感觉一拳打在棉花上。据说吵架有 N 种好处呢：减压减肥、锻炼口才、增大肺活量。

当然，吵架也是有技术含量的，不会吵架的人一言不合就闹分手，会吵架的人吵完之后如同做了一次全身推拿，通体顺畅，仿佛被打通了任督二脉。男人"大姨父"来的那几天，女人将心比心，别跟他们计较。生活中有很多难处等着夫妻一起共同面对呢，夫妻就是一个团队，一损俱损，一荣俱荣。不然，红尘中我们牵手干吗？

与你在一起的时光都不叫虚度

电影《立春》真的很好看，这部关于梦想与现实的影片，很残酷也很真实，我们每个人都能从女主角王彩玲身上看到自己的影子。她是一个相貌丑陋的音乐教师，梦想登上高雅音乐的殿堂，结果以失败而告终，平庸地度过一生。但在我看来也未必不是件好事，至少她懂得了领养孩子、贴近日常、沉入生活。

记得王彩玲说过："立春一过，实际上城市里还没什么春天的迹象，但是风真的就不一样了，它好像在一夜间变得温润潮湿起来，这样的风一吹过来，我就可想哭了，我知道我这是被自己感动了。"

春天的确是个撩人的季节。

每年春天的出场就像意气风发的盛装少年，总要闹得动静很大，以至于你根本不能安心宅在屋子里，心里总有个声音在喊：快出去看花、看柳树、看天上的云彩吧，最美的时光稍纵即逝。

为了不负这大好春光，与心爱的你一起虚度才有意义。

三月的一天，小米调休在家，因为前些日子工作太忙。于是，她邀请先生也在同一天休息，陪她去公园看花。他竟然难得地同意了。

到了公园，小米拍花，他拍拍花的人。算他知趣，可不是，小米叫他来，不仅仅是陪伴她一起赏花，更要做她的私人摄影师，虽然摄影师的技术有待提高。他们在公园里慢慢走、闲闲看、随手拍，有一搭没一搭地聊着。看见许多小情侣在公园的湖里划着小船，亲昵的样子使人不敢直视。年轻真好，恋爱真好，婚姻就不像恋爱时那么美妙了，要烦琐、平实许多。小米听先生说起当年还来旁边的校园参加过一个大学生艺术节，那时青春逼人，就像这初春的阳光，令人怀念。湖边有一对老夫妻坐在休憩椅上，白发静默，全程无语言交流，面对湖光春色仿佛在回忆又像是一起在虚度时光。小米有些感慨，是不是我们老了也是这样相顾无言？他说，相伴就很好呀，为什么一定要絮絮叨叨？一切尽在不言中嘛。

逛到中午时分，小米的肚子饿得咕咕报警。看到公园里有一家知名餐饮连锁店，人头攒动，生意这么好，想必味道也不错。他们找到一处能看到窗外风景的位置坐下，两个热爱吃面的人，自然以面主打，他点的是肥肠面，她是焖肉面，再来一笼小笼包子和一屉五彩蒸饺。没想到，这里的味道好得让舌尖惊艳，价格还实惠得让人难以置信。俩人吃完出来时直呼遗憾，这么物超所值的美食店为什么不开在家门口呢？

下午，他们在一家书店里消磨了几个小时，找各自所喜好的书看。转眼到了快做晚饭的时间，赶紧打道回府，娃快要放学回家了，当父母的可不能只顾自己乐逍遥。

小米这一天过得非常开心，一扫前段时间灰暗的心情与拧巴劲，觉得完全放空了自己，重新找回快乐自信的我。

这个春天，小米还要约最好的闺蜜一起春游赏花，带上许多好吃的去野炊，就像少女时代那样坐在樱花树下促膝谈心，或在一家干净的小饭馆举杯小酌，在花海里沉醉，在尘世中清醒。生活虽然时有疲惫，但仍值得期待，有你在我就很安心，就像一首歌里唱的那样："生活不止眼前的苟且，还有诗和远方的田野。你赤手空拳来到人世间，为找到那片海

烟火深处，拨开云雾见天日

不顾一切。"

这个春天小米还回到家乡小城，陪妈妈到郊外挖一次野菜，挖马兰头与野荠菜。马兰头凉拌豆腐干再浇上麻油是春天最好吃的菜品之一，野荠菜与肉剁碎后做饺子馅也是好吃得打嘴不放。妈妈很开心，因为这是她每年春天最喜欢做的事。

别说时光如箭岁月如梭，年华匆匆一去不回头，小米不想再抓紧时间做那些所谓的有用之事。在这个春天，不如和喜欢的人一起做喜欢的事，听听歌、看看电影，或者仔细收藏彼此的笑脸，记录一只猫的呆萌与慵懒。

春水初生，春林初盛，春风十里，不如你，与心爱的人一起度过的时光都不叫虚度。我们需要这样的时刻，安妥彼此浮躁的灵魂。我们绝大多数人一生都将过得平淡无光，也许像王彩玲那样穷其一生也无法实现自己的梦想，那就用心做个生活家吧，多花点时间给家人，这样的一生也算是成功的。尼采说，一切从尊重自己开始，从尊重一事无成、毫无成就的自己开始。活到中年，如果还不知道开心生活最重要，岂不是太巨婴了？

诗诗的烦恼是爱比较

诗诗是我们公司 85 后小领导，可是她最近生活像一团乱麻，比较烦。

公婆退休后想从常州过来带孙子，而自己的父母也愿意一直带外孙，不希望亲家插手。诗诗的宝贝儿子今年两岁，小家伙长得虎头虎脑，人见人爱，此前都是诗诗的父母一手带的。诗诗和先生是独生子女，双方父母年纪又不老，带孩子绰绰有余。

按理说这是幸福的烦恼，有多少人羡慕：双方父母抢着带娃，并且还自掏腰包，负责一大家子的生活开销，诗诗小夫妻只负责好好工作就行了。

可问题是他们在上海住的是两室房，而双方父母都是外

烟火深处，拨开云雾见天日

地人，过来带孩子必然会挤在一起住。一般说来，出嫁的女人和自己父母住是没什么问题的，和公婆住一起，多半处不好。诗诗心里也是老大不乐意。虽然不乐意，但也没办法，你总不能阻止孩子的爷爷奶奶来看望并照顾孙子吧，况且房子还是婆家买的呢。

公婆来了，父母就只能打道回老家。诗诗对自己父母带孩子可谓点九十九个赞，只有一件不满意可能起了争执，但嫡亲的嘛不计仇，转眼就烟消云散、握手言和。换成公婆带孩子后，诗诗觉得简直是一团糟，给一百个差评，没有一件事能入她的法眼，自己要求又高。于是，她经常与公婆为教育孩子的事起冲突，老公夹在当中做好好先生，诗诗有时气得不行，就在办公室发泄胸中怒火与怨气。她吐槽公婆的教育方式有严重问题，给孩子做的伙食也营养不周全，不及自己父母的一半，又说儿子不要奶奶，口口声声要外婆，自从奶奶来了以后，儿子的小脸都变尖了，等等。

诗诗对公婆的抵触、反感情绪溢于言表。公婆当然也明白儿媳不欢迎他们，可是他们心里只想带好孙子，婆婆是个老实人，公公却不是省油的灯，经常语含机锋，与诗诗过过招。同事好言相劝诗诗，只要大家都是为孩子好，其他就睁只眼闭只眼吧，话说谁家没有一本难念的经呢？

最后因换房子的事情，双方终于正面交锋上了。这也只是矛盾积累到一定程度的大爆发，是压垮骆驼的最后一根稻草而已。

诗诗和先生商量把现在的两室房换成三室房，因为再买一套不现实，太贵。孩子渐渐长大，与公婆同住两室房太小。当然，房子换成三室后，产权证上就得加上她的名字了，当初婚房是公婆出资购买，没她的名字。公婆不同意换房，因为换个三室至少得加两百万进去，他们没那个实力，除非亲家出手相助。问题是，诗诗的父母不同意出资，他们刚在老家小城买了套大房子，手里没有闲钱，诗诗自己也不想父母出资给他们买房。换房一事搁浅后，她觉得很窝火，嫌丈夫不能挣大钱，又多心公婆不同意换房或许是怕加上她的名字。

正好此时办公室同事薄荷的公婆出资在薄荷的小区里又买了一套房子，产权证上赫然写着薄荷夫妻俩的名字。人比人得死，货比货得扔。有些事一对比，立马使人想死的心都有。诗诗觉得，论容貌学识能力她样样不输薄荷，怎么就没有遇到人家那种大方开明的公婆，又没嫁到薄荷那么能挣钱的老公呢？但是，她可能忘了，薄荷公婆是生意人、又是上海土著，有老房子可以置换，薄荷先生能挣大钱是因为高学历，而薄荷爸妈也是生意人，经济条件良好，小两口结婚的房子就是双方父母共同出资买下的，他们是门当户对。而诗诗的娘家显然不具备这样的条件。

诗诗经常觉得，天底下就数她最穷！当她的大学同学嫁到迪拜当了全职太太，天天以购物逛街美容健身为工作时，她羡慕；嫁给了富二代的闺蜜，驾豪车背名包一年去几趟国外度假，她眼馋；就连前些天，香港的奢侈店搞名包打三折活动，好多闺蜜都飞去抢购了，而她只能在微信的朋友圈分享后流流口水而已，这简直让她崩溃。

这日子还叫人怎么过下去？诗诗与公婆的关系越闹越僵，最终也影响到她和丈夫之间的感情，他们动辄吵架，一吵架她就会骂他不会挣钱，不像个男人，没有担当这类伤感情的话。老公懒得理她，她就歇斯底里地大哭、扔东西，像个蛮横的泼妇。在婚姻家庭中狼奔豕突、生活过得一团糟的诗诗，工作也失误多多、连连失手。

季羡林先生曾说过："一个人活在世界上，必须处理好三个关系：第一，人与大自然的关系；第二，人与人的关系，尤其是家庭关系；第三，内心思想与外在行为的关系。这三个关系，如果能处理很好，生活就能愉快；否则，生活就有苦恼。"

其实，我们都觉得诗诗的小日子其实可以过得很幸福。她和先生都是外地来沪，有房有车有可爱的娃，四位老人身体健康，抢着帮忙带孩子，这已经很圆满，你还想怎样？诗诗的烦恼还是出在自身，她是个不折不扣的物质女郎，希望自己能随心所欲地花钱，早日实现财务自由。可惜所选的参照物都太高，因为大多数人还是需要计划着过日子的。

诗诗应该明白，精打细算过小日子的人，也可以生活得很幸福啊。没有比较就没有伤害。而这样比较来比较去，不仅心态变坏，还会失去自己原有的幸福。总有一天，当你手里空空，追悔莫及却为时已晚。

陪伴是最长情的告白

年轻的时候，我们不是不懂得珍惜相聚一起的时光，而是以为来日方长，赚钱比相守更重要，于是，太多人选择了分离。

他大学毕业就上船当了一名海员，因为大学里读的专业就是航海系。

作为一名农村长大的孩子，土里刨食的父母已不能再给他任何经济上的援助，之前为了供他上大学，家里已经负债累累。他必须奋斗出一个像样的人生，才对得起父母的供养。

做海员虽然辛苦，但是收入还挺不错的。他想过了，今后要想在大城市立足，他只能靠自己，不像别的同学有父母鼎力支持。他的理想是从普通船员做起，然后一步步做到船长。

二十五岁那年，他已经在城里买下房子，并与自己喜欢的姑娘携手步入婚姻的殿堂。刚度完蜜月，公司就催他上船去。出发前的几夜，小夫妻俩抱头痛哭，一千个、一万个不舍。

可是，工作至上，男人不工作拿什么养家？他终于还是在妻子两眼泪汪汪的注视下，五里一回首十里一徘徊地出海了。分离的日子，相思成河。

一年后，他们有了可爱的女儿。女儿刚刚满月，他又上船去了。这时，他已经是公司最年轻的船长。

等他再度回来休假时，女儿已经一周岁了，正姗姗学步，牙牙学语，好奇心撑破天。见到他之后，她好奇而警惕地盯着他看，心想：咦，今天家里来了个陌生人？"快来，宝贝，喊爸爸。"他手里拿着花花绿绿的外国糖果，热切地对这个可爱的小人儿张开双臂。女儿不喊他也不扑到他怀里，却指着结婚照里的男人喊"爸爸、爸爸"。原来他不在家时，女儿认识了结婚照里的爸爸，对于现实中的这个男人，实在不认识他是谁。

他有些遗憾和伤感。因为工作性质的关系，女儿长到一周岁，他只陪了她一个月。而女儿却在一天天长大，今天和昨天都不一样。他错过了女儿的成长，也没能帮上妻子什么忙。有一次，岳父生病住院，妻子家里家外四面受力，心力交瘁，打来电话抱怨他总是不能在她需要的时候出现，家不像个家。他除了愧疚，什么忙也帮不上，甚至连自己的肩膀也不能让爱人靠一靠，连妻子的眼泪都不能替她抹去。随后他休假一个月陪伴和安慰妻子，竭力弥补自己的愧疚。

每次他出海，妻子总会泪眼婆娑地与他道别。那眼泪实在扰得他心慌意乱，严重考验着他作为男人的坚强意志。也曾恼火地对她说："你也是做妈妈的人了，不能还像个小姑娘那样好哭。"他想把妻的眼泪吻干，可是那泪水总源源不断流出来。他打算再做几年船长，手头有点积蓄就不做了，因为这工作是以牺牲亲情为代价的，虽是一条铮铮汉子，他的心何尝不曾有柔软的一面？谁不想与妻儿朝夕厮守？

直到有一天，他的父亲突然病重不治驾鹤西去，而他仍在遥远的异域海洋一艘远洋轮船上。海上信号不好，根本无法联系到他，他知道噩耗已是一个星期之后。

他回到家乡再见到父亲时，平时生龙活虎的父亲已待在一个小小的骨灰盒里。只有挂在墙上黑白相片里的父亲微笑着静静地看着他。那一刻，他心如刀绞、号啕大哭。

本来他以为，这日子山长水远、与家人后会有期。谁知道父亲突然离去，再看看满头白发的亲娘，他蓦然惊醒，有些事，现在再不做决定，就永远等不及了。

此生已错过与父亲的最后道别，再不能远离母亲了。

为了今后能与妻儿厮守，也为了能更好地孝敬母亲，他辞去了船长职务，调回岸上做起了管理工作。

几年后的一天，他携妻儿坐在电影院里看李安执导的《少年派的奇幻漂流》，看到电影里中年派缓缓地说"人生到头来就是不断地放下，但遗憾的是，我们却来不及好好道别"时，禁不住泪如雨下。

当年钱锺书也曾为生计与妻儿分离，回来后钱先生就说了一句话，我们以后只有死别，没有生离。果然，钱先生一诺千金，他们一家后来再也没生离过，哪怕是夫妻同去干校改造，也是一个看菜园，一个守工具，时不时地来个菜园相会。拆散他们仨的只有死神，看过杨绛写的《我们仨》，你一定会被她字里行间淡淡地叙说着他们仨之间血浓于水的深情深深打动，"世间好物不坚牢，彩云易散琉璃脆"。时间最终会掠走我们手里的一切。

陪伴是最长情的告白，相守是最浪漫的承诺。

吃回头草的也可以是匹好马

她其实长得并不算美，但是肌肤胜雪，俗话说"一白遮百丑"，看起来像新瓷一样干净透明。二十五岁那年嫁给一名普通工人后，他视她若公主。她是个本科生，他只有高中学历。第二年她生下儿子，更是被他捧在掌心。家里就是油瓶倒了都不用她扶，平时一有空就和姐妹们打打麻将，逛逛商场。日子仿佛如清澈见底的湖水，可以一眼照得见未来。她很满足于现在的有序和安稳。

直到有一天，初恋找到她。

他辞职后创业，生意越做越大，西装革履、踌躇满志，一副成功人士模样。开着名车带她住遍最高档的宾馆，替她买各种大牌的衣裳和包包。他们年轻时本来就相爱，如果不是她父母强烈干涉，嫌弃他穷，被迫分手，那么，她现在应该是他名正言顺的妻子。

回到家中，她再看丈夫怎么看都不顺眼了：你怎么这么不聪明呢？连这件事都做不好；你怎么这么邋遢呢？西装穿在你身上也像工作服。丈夫不明就里，只觉得无论他怎么做都是错，根本达不到妻子水涨船高的要求。她心里住进另一个成功男人后，哪还有他的一席之地？在他的光环对比之下，他平庸如沙粒。

她天天视丈夫如眼中钉，不拔出誓不罢休。日吵夜吵要离婚。终于，他们离了，儿子归了丈夫。

她净身出户，住到他为她租的房子里，过着如夫妻般的神仙日子。

有一天，一个女人突然打上门来，骂她是个不要脸的"小三"，勾引别人的老公。原来是他的妻子。

他们在一起一年多，即使在他们感情最热烈的时候，他也从来没说过要离婚。倒是她快刀斩乱麻地很快离了。她冷静下来一想，觉得自己很可怕，为了跟他在一起，抛夫弃子，众叛亲离，而他给予了她什么呢？他有她有妻，拥有两个女人，坐享齐人之福。

那一夜，她辗转反侧，而他在妻子的威逼下也没敢露面。过了几天，他又来了。他带她出去吃饭，他去洗手间时，手机响了，她拿过来一看，一个年轻女人的头像在屏幕上晃动着，于是，她接了：喂，亲爱的，你怎么还不过来呀？她脑袋"嗡"地一声，他另外还有人！

放下手机，听到心落到地上碎成几瓣的声音，她没有告别，悄悄离去。

她不知不觉地回到了阔别已久的家，前夫和儿子见到她时，愣住了。四岁的儿子一把抱住她，哭着说再不让妈妈走了。她则因为伤心过度而胃疼起来，男人啥也不说，像往常一样，熬了碗小米粥，端来些小咸菜让她喝下暖胃。她看看他，胡子拉碴的，穿着她当年给他买的旧衣裳，看她的眼神有惊喜的光。跟着这个男人穿不起华丽的衣服，进不起高档的饭店，可是，他能在她心碎一地时帮她把心重新拼凑完整。

不久，她和他迅速复婚。别人调侃：好马也吃回头草呀？她笑着说：只因爱情穿了件旧衣裳。谁说好马不能吃回头草？不吃回头草的也可能是头蠢驴呢，如果最终知道了那片草最适合自己，趁它还没有被别的马吃掉之前，赶紧回头再次占为己有，有什么不妥呢？吃回头草，也是一种强大的纠错能力，以免因为面子的小问题而错过一辈子的大幸福。

打球识人

前些年我因伏案工作久了，又讨厌运动，渐渐落下腰椎、颈椎的毛病，身上经常不是这儿疼就是那儿不舒服，各器官组织纷纷刷起存在感。有次腰肌劳损发作，根本不能直立行走，先生把我从家中扛进车里，到了医院借了轮椅方能就诊。他批评我，还这么年轻就坐在轮椅上，别人看了会怎么想？哎，不年轻了呀，一觉已中年。

那次腰病好了之后，先生便下一道命令，在家附近的学校办了张羽毛球卡，全家每周去打球。还警告我如再不锻炼身体，可就废了。先生是个运动达人，他早就有心培养我也成为运动健将。

于是开启业余打球生涯，不知不觉已三年，不得不信服锻炼的力量，现在的我哪儿也不疼了。

对于一个天生运动盲来说，打球没意思得很，但是与人打球有意思。

和女儿打球，真真受虐。女儿在学校的体育课选的就是羽毛球，老师教得比较专业，她又学得认真。少年好强，一招一式都杀气腾腾，欲致对方于死地。对付我这种体育渣，真是不费吹灰之力，就打得我丢盔弃甲。接不到她古怪刁蛮的球乃是家常便饭，只落得灰溜溜频频捡球的份儿。我这厢边捡球边咕噜简直是"坑娘"，少女那厢则得意地笑，丝毫不懂得谦让。

跟先生打球则很友爱。我打过去，他接到后再送到我球拍最容易触及的半径内，用"喂球"一词很合适。你一拍我一拍，一派和平安详，没有激烈的扣杀，只有积极的配合，你来我往连续打了一百多个球中间都没有掉过链子。

问题是，少女功课繁忙，先生经常出差，我有时找不到打球的对象，就邀请别人。

邀过楼下邻居夫妇当球友。他家女儿与我女儿是小学同学，两家比较熟悉。男邻居清瘦帅气，邻居太太浓眉大眼，是全职主妇，只是这几年发福得厉害。我平时就喜杞人忧天，没事就替邻居太太担忧，先生这么瘦又这么帅，你把自己喂得那么胖，这样好吗，做女人得有点危机感啊。

与邻居太太打球的时候，我终于感觉自己还是有点球技和体能的，因为还没打几球，她就气喘如牛，而我可以连续打上半个小时不带喘的。人胖了，转身都缓慢，打球奔来奔去的，确实考验胖子。所以说，做个灵敏的瘦子容易，做个灵活的胖子比登天还难。没打几分钟，邻居太太就要求下场休息，邻居先生上。

邻居先生对待女士很礼貌，我们打球时也是秉着"友谊第一，锻炼第二"的原则。但是打着打着，我发现，他老走神，眼睛不时往某个方向张望。我顺着他的目光看过去，原来邻居太太怕热，从休息凳子爬到高高的窗台上坐着。窗子是推开的，没有护栏，我们打球虽在二楼，但万一不小心掉下去还是很危险。噢，原来他是担心太太呢！我发现自己真是瞎操心，遂想起我有个闺蜜说过，那些在别人眼里不相配的情侣，有时反而拥有最合适的爱情，因为一对爱人的最般配之处，往往就在外人眼光到达不了的地方。

那场球打得很愉快。

还曾请过住附近小区的一位同事的夫人做球友。她是来自偏远小镇的外来妹，靠嫁到上海安家落户而改变命运，我觉得她属于干得好不如嫁得好的那类幸运女人。因为我同事为人纯良，家境不错。

和她打球时，感觉旗鼓相当，体力值也差不多。一鼓作气打了半个钟头，中场休息时，聊起天来。谁知这一聊就刹不住车，形势完全不由我掌控。同事的太太滔滔不绝地说起了围城琐事。说房子说老公说公公婆婆说大伯子，说我同事在与她结婚前曾有一段短暂婚史，说女儿学钢琴时，婆婆就在旁边看电视，她屡次阻止却不行，因为自己在这个家里根本没有话语权……啧啧，这信息量大的，还都是隐私啊，我越听心理负担越重。她许是憋闷太久，好不容易找到我这个树洞。

结果，不仅下半场球没打成，她还一直把我送到楼下（不要她送都不行），再巴拉巴拉诉说一个小时，我几次脱身未果。回到家，很后悔找来同事的太太做球友，浪费时间不说，还破坏了一个童话，我原本觉得他们夫妇幸福美满、琴瑟和谐，谁知"袍子上爬满了蚤子"，更焦虑的是，我还得把那么多沉甸甸的秘密给吞下，销毁，多难啊。不然，万一哪天不小心说漏了嘴，怎么对得起同事呢。

都说吃饭识人，其实打球也识人，人都是被细节出卖的。

烟火深处，拨开云雾见天日

 第三辑

不相爱时，能否做到不相杀

你没跟上他的脚步之后

当原本才貌相当的一对男女走进围城之后，一个高歌猛进，一个止步不前，会出现什么样的状况呢？

李沫与林强婚姻危机的导火索最终被点燃，源于那次在家请客。

他们住在离市中心比较远的一个高档住宅区。公司高管林强，因为年会摸奖时中了个特等奖，被同事起哄说必须请客，并且饭局不许设在饭店，只能在家里，顺便参观一下他家豪宅。谁不知道，如今高大上的宴席全然不是神马星级酒店了，而需自己亲自购买上佳食材、再亲自操刀上阵做最有诚意。

同事来了十几个，都是公司高层与中层的骨干精英们。

李沫与保姆秀秀早在十天前就开始精心准备这场家宴了。因林强是个追求细节完美的处女座，李沫从用日式风格桌布及用 Riedel 红酒杯这些细节问题都想了几个晚上。鲜花水果、各式菜肴与中西结合的点心，层层叠叠、觥筹交错，推杯换盏、嘈嘈切切。尽管餐桌上的食物已摆得满满当当，客人们酒过三巡了，李沫与秀秀还在厨房间忙碌，不时加一道菜或者拌个水果沙拉。

这时，不知谁在大呼小叫："林总，林太呢，你们家的女主人，总应该出来和大家干一杯酒嘛！"听到外面的吵嚷声，不知出了什么状况、在厨房间正忙碌的两个女人都闻声冲到客厅。其中那位晚到的客人，张口对着秀秀就赞："这位美女就是林太吧？真是年轻漂亮啊！"然后又对李沫说："这位女士肯定是林总家请来的保姆了！来，你们辛苦了，我敬你们一杯！"李沫见自己被人误认为是保姆，而保姆秀秀反被当作女主人时，顿时尴尬万分，眼光立即不自觉地去搜索林强，只见林强脸色铁青，却也不替妻子分辩，似是默认，只招呼大家"喝酒、喝酒！"李沫仿佛被雷击中一般呆住了。

客人散去一片狼藉，秀秀一个人打扫战场。李沫独坐在沙发上生闷气，思绪千回百转。说来秀秀也只比自己小五六岁，却腰肢纤细、容颜娇俏，并且在都市做了多年家政的秀秀打扮也显得大方得体。而自己的腰身跟俄罗斯大妈似的，穿再昂贵的衣服也显不出气质，当初的好身材好相貌都去哪了？以至于今天闹出这么大的乌龙！这对女人来说简直是奇耻大辱。不知林强心里会怎么想？他一定很没面子吧？

李沫与林强是大学同窗，大学毕业后林强当了一名销售员，整天出差，根本顾不了家，于是，李沫牺牲自己的大好前程辞职回家当了全职太太。林强却一步步拼到高管的位子上，如今他们什么都有了，十五岁的儿子上全市最好的寄宿制私立中学。而她为这个家、为丈夫儿子付出了所有的好年华，他们就是她的全世界。李沫今年三十九岁，看上去却比实际年龄老至少十岁，因为胖啊，女人一胖就中年。而林强却越来越帅气，加上他喜欢运动，体健貌端，男人果然衰老得慢啊。她心里忽然就升腾出一股强烈的妒忌与不安情绪。

第二天，林强果然摊牌了，他要求马上离婚！理由是结婚这么多年，李沫从来没有哪一天让他感觉到新鲜、惊奇和骄傲过！她一成不变地做着全职太太、操持家务，连发型都十几年如一日，家里有钱后，也不舍得去美容、健身、买高档护肤品，任由自己的腰身发展得跟水桶一样，像卖菜大婶一样粗俗，气质全无，以至于他的同事以为她是他雇来的保姆！

她惊呆了，从前他并没有对她说过这些，或许有过一些小小的玩笑，取笑她臃肿的身材与胖胖的眼袋。可是，她当时完全没有在意，他们一起吃过苦，他今天的成功也有她的一半，况且，他们是有感情基础的。离婚？他只是一时在气头上而已。"那么，我从现在开始改变，好吗？"她小声地自卑地说。可是，他离婚的态度是那样决绝，最后撂了一句话，"别墅归你，另一套房子归我，孩子随便跟你还是跟我，想好了就给我打电话。"就这样大步跨出大门而不归。

李沫终于明白，他早已嫌弃她了，那些半真半假的玩笑里泄露了心声，请客的误会只是一次引爆点，彻底埋葬了他们早已渐行渐远的零星情感。于是，她同意离婚，儿子归他。她选择一个人重新开始。买了套小公寓，自己独住，找了一份朝九晚五的工作，定期去美容院做减肥与保养。离婚一年，李沫再没见过林强，她只去学校看儿子，也知道他并没有再婚。中年女人，心里仍然做着一个虚幻的、香甜的梦，希望当自己瘦身后，以焕然一新的知性熟女面貌出现在林强面前时，能博得他回心转意。

可是，中年男人的梦，却是那么的现实与旖旎，离异后的林强身边突然多出一群向他示爱的姑娘，天地间忽然变阔。他不着急，有的是春梦可做呢。

　　李沫醒悟得太晚了点。但还好，一切都来得及，找到自我就好，不管能不能唤回前夫，她的人生总算重新开始了。正如失去了白瑞德的郝思嘉，依旧倔强而自信地说，"Tomorrow is another day."

理想男人什么样?

理想男人,当然不是指完美男人,完美男人是珍贵而稀有的动物。每个女人心中都曾勾勒过她理想中男人的影子。这个男人或者英俊潇洒、或者温文尔雅、或者幽默风趣、或运动有型……让每个女人心动的理想男人肯定是不一样的。所谓萝卜白菜各有所爱,就和男人们常说的各花入各眼是一个道理。

理想的男人虽然千姿百态,但是在现今的社会,也还是可以求大同存小异,提炼出他们一些共同的精髓。不过,最近,我倒是真见识了一位。

我陪女儿在钢琴老师家里学琴时,总是能见到那位中年男子(钢琴老师的爸爸)风尘仆仆地从外面回来,把外套一挂,闪身进了厨房。因为此时我对与女儿同步学钢琴的热情已退，对做菜颇有激情，就跟进厨房想学一手。那天，他正在做一道鳜鱼煎鸡蛋，只见他手脚麻利地杀鱼洗鱼，我在一旁谦恭地请教他做这道菜的要领，并问他为什么刚回到家就这么匆忙地入厨房做饭。他说："因为我喜欢做菜呀，刚才一下飞机叫司机快马加鞭地开车到家，就是为了赶上做这顿午餐。"我说："您天天这样烧饭、做菜不嫌烦吗？"他说："啊，怎么会烦呢？这才是我一天当中最享受的时刻呢，每天去菜场买菜，回来做好，因为我厨艺好，一家人吃得赞不绝口，就满足了。下厨房是我最喜欢做的一件事，几十年如一日，就是这样过来的呢。"

老天，天天买菜做饭，我是个女人还没做满一年，都嫌麻烦了，竟然有人说这是享受，并且还是个男人！如果是个挣不来钱，天天围着老婆孩子锅台转的男人倒也情有可原，可是他开着一家有几百号人的公司，坐着宝马，吃着鲍鱼，天天有应酬，却在应酬之前赶回家为妻子女儿做好一顿饭。简直罕见至极，不是吗？真羡慕钢琴老师有这么好的爸爸，投胎也要看运气的，有些人天生好命。

上个星期陪娃去学琴的时候，正好碰到他们一家在讨论一件大事：如何才能把自家年过三十岁、脾气臭臭的剩女——钢琴老师嫁出去。只听见妈妈语重心长地说，女儿啊，不是妈妈说你，你也三十岁了，该找个好男人嫁了。不要老是挑肥拣瘦，说这个不好，那个不行的，老是以你爸爸为模板去找，说实话吧，现在像你爸爸这样的好男人几乎绝种了！况且，你是找伴侣过日子，不是找爸爸。

我听了，觉得这个妈妈很明理、通透，但心里还是有些失落。是的，女孩子一生，有这么个好爸爸是多么幸运的事呀，可是这也同时妨碍了女儿的幸福。的确，像她爸爸这样的男人，既能挣钱，又会做菜；上得会场，下得厨房，还能拉得一手小提琴，搁在哪朝哪代也是香饽饽。可是这个男人万万没想到，恰恰是他的完美，阻碍了女儿婚姻道路上的顺畅，她看别的男人都不入法眼了。

男人眼里理想中的女人，几千年来，标准一直没变，是要"出得厅堂，下得厨房"：首先是长得漂亮，带得出去；其次是做一手好菜。女人眼中理想中的男人，一直没变的是，首先是有事业会挣钱；发展到今天，贪心的女人又加了一条，男人如果会做一手好菜还肯下厨，那就太完美了！

可见，男人看颜值，女人重物质，女人比男人现实；只是红颜易老，所以男人比女人花心。姑娘与其心心念念地想找一个现成的理想男人，不如找一个知己知彼的朋友做伴侣，再把他培养成一个理想男人。三毛曾说，最好的夫妻关系是由朋友关系发展而来。自由、平等、舒服的两性关系，俩人在婚姻中共同成长，应该比一方像家长事无巨细一肩挑、一方像孩子似的被宠爱长不大要正常吧。经常看到朋友圈有人转这种女人要求被男人宠溺、庇护的鸡汤毒文，很不理解。姑娘，你是把自己看成一件瓷器吗？你也有手、有脚、有脑子的好不好？这种三观不正的文章只会给你的人生制造更多的麻烦。

很多女人引用过这样一段话："我一生渴望被人收藏好，妥善安放，细心保存。免我惊，免我苦，免我四下流离，免我无枝可依。"表达的正是小女人如藤蔓想依赖一棵大树的心情。她们却忘记还有下一句，"但那人，我知，我一直知，他永不会来。"

亲爱的，加个名字有多难？

当一线城市的房价"噌噌"涨到天上的时候，因为房子而出现的父子反目、兄弟成仇、夫妻散伙的现象就越来越多。不是亲情淡薄、爱情不纯，而是在巨大的利益面前，他们把持不住自己。

比如，我家对门的小夫妻，正在闹离婚大战，家里的锅碗瓢盆都已被砸光，吃饭估计都快要到我家借碗了，好在他们平时本来就不开伙。最遭殃的是他们可爱的儿子。那个肉乎乎的胖小子今年才四岁，每天上幼儿园与我在电梯里遇见时，我总是摸摸他白白胖胖的小脸蛋儿，手感超好。小胖子脾气特好，不急不恼，还朝我甜蜜地笑。如今却常能听到他传来号啕惊惧的哭声。说实话，我的心里还真是有点难过，为可爱的小胖子不再像以前那么快乐，他的童年是否会过早结束。

　　说起来，邻居夫妇真是天下夫妻中极少般配的一对妙人：男的高大英俊，生意人；女的秀丽婀娜，是个空姐。可是，他们的婚姻之路却一直走得磕磕碰碰，经常传出离婚的消息。这已经是第 N 回，当然，这次的动静也闹得最大，双方父母都出动了。而父母一旦掺和进来，事情只有变得更复杂了。

　　离婚的原因不是谁感情出轨什么的，而是房产证上加名字的事。空姐嫁作商人妇之前，曾要求对方在婚前买的房子产权证上加上她的芳名，以示他爱她的心天地可鉴。可男方不肯，说是抱得美人归后再加不迟，万一她感情上有什么变化呢？空姐遇到优质男的机会多多！于是，两人结婚生出胖小子后，女方又提出加上自己的名字，这回理由充足了，姐嫁给你，都给你生下儿子了，你总该考虑我的感受了吧！你到底爱我有多深，产权证上的名字才能代表你的心！

　　他依然不肯，说亲爱的，咱们再买第二套房吧，这次保证写上你的名字！她想了想，也就同意了。于是，着手买第二套房。可是家里的存款只够付首付，还有两百万需贷款才行。他的生意最近状况不太好，要想贷到这么大的一笔款项难度很大很大。他动员她去贷，因为作为大公司的空姐，收入算比较高的，贷款相对容易些。她一听，有些犹豫了，觉得自己的人生从此将被房贷压得喘不过气来。本来她的生活质量相对较高，花钱也随性，三五千一件的衣服只要好看，就会眼也不眨地买回来。如今，房贷每月从她工资里扣除后，她手头还能有多少可以支配的闲钱了呢？她暗自揣度，你这是在算计我的钱吗？就为了我要在产权证上加一个名字？回去跟老妈一说，当妈的立即跳起老高，阻止女儿以她的名义贷款买二套房。就这样，双方撕破脸皮闹开了。

他觉得妻子不够为整个家庭着想，贷款买二套房还不是为了满足她的心愿，为了他们的儿子，再说还可以资产保值，而她贷款正好可以改正花钱大手大脚的坏习惯，至于第一套房，那是他和家人出资买的，跟她本来就没半毛钱关系，为什么要加她的名字？而她认为，他肯定是不够爱她，一直都是，连在第一套房子的产证上加个名字都不肯，一推再推！看《咱们结婚吧》里面的果然向桃子求婚时，就把婚前买的房子、车子、存折统统送给了人家桃子，那才叫真正的爱情！

就这样双方各执一词，都觉得自己没错，双方父母也各自站到自家孩子队伍一边去。女方坚决提出离婚，觉得这样的男人已不值得自己爱，搬回娘家去住了十多天还没回来，偶尔回来一次也是闹得地动山摇，呼啸而来、黯然而去。最可怜的是小胖子，天天在电话里哭着央求妈妈回家，妈妈离家时抱着妈妈的腿不肯放手，说是要爸爸、妈妈和宝宝在一起，听得旁人（我）都想落泪。

邻居小夫妻的感情，其实从一开始就因为名字的事落下暗疾，然后引发一系列信任危机，最终导致婚姻的殿堂岌岌可危直至土崩瓦解。离异半年后，空姐再度嫁人移民澳洲，男方再娶新妇生下一女，小胖子被送进了寄宿制学校。

因为产权证加名字的事而闹分手、闹离婚的事也许在房价高企的大都市并不少见，虽说都是房价惹的祸，却也照见了爱情在强大的现实面前是多么不堪一击。最两全其美的办法是，小夫妻结婚时，买房时双方出资付首付，然后共同还房贷，写上两个人的名字。这也就等于要求双方门当户对，不至于在经济上悬殊太大造成矛盾。

有时候，反过来想想，婚姻里，最古老的门当户对，也自有它的合情合理之处。难怪总有人说，最好的爱情是势均力敌。

嫁一个爱你的人远比嫁你爱的人幸福

倩倩这姑娘，刚分到我们单位的时候，造成了不小的轰动，都说这女孩实在太漂亮了，特别像电影明星之不老女神的许晴年轻版。妩媚白净的脸上配两粒精巧的小酒窝，简直是上帝精心打造出来的杰作。

一个女孩美丽如斯，自然从小就学会了一件事，如何拒绝别人。被倩倩拒绝过的男人有多少，她自己也不清楚，至少可以里三层外三层的把她围成几个圈吧。

但是，她从没有深爱过一个人。她不爱的原因也许是在等待一个人，或者还有年轻女孩虚荣的成分，有许多人追求总比与一人早早定下终身有意思，毕竟当女神的感觉不是每个女人都有资格。

直到遇上单位另一科室的他。他是个北京大男孩，好脾气、有教养，还帅得要命。他的帅绝不是普通意思上的帅，是阳光灿烂的原野里奔跑着的鹿，是让人一眼就能产生好感的健朗与清新。同事都说就算他与大帅哥黄晓明站在一起，也会胜出，因为他们见过黄晓明真人，委实太瘦了，没有他阳光、健康，身为外貌协会资深会员的她立即不可救药地爱上了他。

大家也觉得他俩在一起是天造地设的一对璧人。很快，她就打听到他已经有个谈了几年的女友。可她并不灰心，有女友算什么呀，结了婚还可以离呢！她就不信，以她的美貌不能使一个男人臣服。

她千方百计地与他的朋友结识，打入他的朋友圈。他出差到外地的时候，她偷偷请几天假陪他一起去。他每周去同济大学踢球，她就绕着球场跑步，有时，充当他的粉丝拿手机摄像。有一天，她终于见到他的女友，一个人比黄花瘦、文文静静的女孩。长得太普通了，她当然配不上他！她在心里这样断言。

与他的女友会面之后，她觉得自己更是胜券在握，男人都是视觉动物，谁不爱美女呢？

对于她的主动，他表示不适。他说，你还是当我的妹妹吧，不然，我们就没法交往了，我女朋友知道你了，我不想让她难过。她听了虽然颇感失望，但心里却认为这正是他可爱的地方，有责任有担当，不像有的男人见有美女投怀送抱，就急吼吼地想暧昧一场。

从春天到冬天，她已经爱他爱了快一年。一天午间休息，她与同事斗地主斗得正酣，忽然听人说他已经领了结婚证，顿时脸色突变，甩下扑克牌狂奔而去。大家吓坏了，以为她会想不开或出意外，就命一位一直对她有好感的男同事追出去。

她好几天没来上班。

人瘦到大风可以随时将她刮走。一起去 K 歌，她每次必动情地唱起莫文蔚的那首《他不爱我》："他不爱我 / 牵手的时候太冷清 / 拥抱的时候不够靠近 / 他不爱我 / 说话的时候不认真 / 沉默的时候又太用心……"

后来，她通过相亲结识了一位长相普普通通的大学老师。与他结婚前夕，她还说不爱他，只是因为怕父母难过，自己老大不小了所以才结的婚。更奇怪的是那个男人，明知她不爱他，依然还愿意娶她，还自信地说，我坚信你有一天会爱上我，爱到不能自拔！她自嘲道，今生只爱过一个人，可是那个人却不爱她，她是别人眼里的女神，在他的眼里也许只是一个爱他成痴的女花痴。"你说他为什么不爱我呢？我比他的女朋友不知好看多少倍！"她想不通，一路走来，总是她在拒绝别人，哪有人会拒绝她？你美你就有理呀，没那回事。

可见美貌这件利器也不一定无敌，尤其是当对方也有美貌的时候。人总是对自己已经拥有的东西不稀罕，却稀罕他所没有的东西，所以世间才有胖妹爱瘦哥，美女嫁丑夫。

她嫁给大学老师以后，走的是先结婚后恋爱的古老方式，最终慢慢被他征服，心甘情愿为他生下一对双胞胎儿女。他始终以能娶到秀外慧中的她为妻而骄傲。

有一天，她忽作幡然醒悟的样子对闺蜜说，女人嫁人，还是嫁一个爱你的人远比嫁你爱的人要幸福啊！你说我要是当年哭着吵着嫁给了那个人，他才不会像我老公这样宠着我，顺着我，说不定我们已经分了……爱一个人总是先从外表开始的吧，从一开始，他对我的外貌都不感兴趣，还谈什么内心的契合呢？

她把先前的那个他，称作"那个人"，这说明，她终于彻底放下了他。

　　是啊，姑娘，当他不爱你，你还对他一往情深，不是傻是什么呢？

他不想和你结婚，姑娘你还不闪人

女人一旦到了一定的年龄，就有点恨嫁了。

小安是美容院的经理，负责给客人传授一些养生之道。一眼望去，她有北方女子的直爽与健康，皮肤微黑但健美，浓眉大眼嵌在光洁多肉的脸庞上平添了几分妩媚。

在某次培训的时候，小安结识了高高大大的林阳。林阳1975 年生，至今单身；而小安 1984 年的，正值而立。小安觉得林阳的眼神与众不同，有一种忧伤的成分。这激发了小安天生的母性情怀，她在想，这个男人到底为什么会这样子呢？她以一颗饱满的怜悯之心慢慢走近了他，大体知道了林阳从小在父母离异的家庭里长大，学历很高，自己做生意，没有结过婚，也不想结婚，可能是因为感情上受过重创。小安表面上大大咧咧，其实内心很细腻很女人，她三十岁了还没找到如意郎君，内心是焦灼的。遇到林阳后，她认为两个人可以相互取暖，或许他就是她一直等待的那个人呢。

都是单身剩男剩女，暧昧与爱情有时连他们自己也分不清，很快他们就同居了。用同居这个词并不准确，因为小安第一夜住在林阳那里时，男欢女爱后林阳不肯再上床睡觉，而是坐在电脑前打了一夜的网游。小安心里很不安，她觉得这样太打扰林阳了，因为她在，他就一夜不睡。问他为什么不睡，他说，因为身边多了一个人，他就会睡不着。想来还是一个人生活久了，有些习惯已根深蒂固。于是，她就尽量不在他家过夜。尽管这样，小安还是想从细节着手改变他。

她买来好些蔬菜鱼肉想精心做顿饭给他吃，一个人生活的林阳不是在外面吃就是叫外卖，生活方式并不健康。可是他却哇哇大叫，叫她别进他的厨房，如果要做饭，也是他来做给她吃。小安觉得很无趣，不可否认，林阳能做得一手好菜，可是，她觉得自己身为一个女人不是要让她爱的男人当公主供养起来，而是她能为他做点什么，哪怕是洗一双臭袜子，可是，连这样的机会他都不肯给，这个男人到底在想什么？

也许是一个人的生活模式已经形成，想改变还得一点一点突破。小安于是隔三岔五地留宿在林阳那里，林阳也不再通宵达旦地打网游而是安静地睡在她身边，只是她的手不能碰到他，他说不习惯，于是，一张床上的两个人，身体得保持一定的距离才能入眠。

这毕竟也是一种好现象，对小安来说，燃起了心头的零星希望。有一次，小安的父亲生病，林阳听说了以后，当夜开车送她回山东老家，虽然他不肯以她男友的身份，而是一个朋友的身份出现在她父母面前。他从不在她面前提及婚姻。小安有时失落，有时又觉得，他们就这样一直厮守到老，也挺好。

终究还是一个小女人，当身边的姐妹相继出嫁，当了妈妈，小安的心也会飘摇不定。她与林阳在一起已有两年的时光，他从不许诺婚事，他总说自己是坚定的不婚一族。她想要的一纸婚书尚遥遥无期，真的就这样为这个男人搭上所剩无几的青春吗？想抽身离开，却又觉得依然很爱他而割舍不下。

直到现在，小安都弄不清林阳到底在做什么生意，有几套房子，他不许她过问他的工作与财富，也没见过他的父母与亲人。

还好，他带她见他的朋友。也只有和他朋友在一起的时候，她从旁人的只言片语中了解到，他除了现在居住的房子之外，还在别处有房。小安想想不免黯然神伤，他到底是爱她呢，还是不爱？还是只是她一厢情愿地在等那遥不可及的一纸婚书？

小安是个明白姑娘，只是不肯承认，男人到底还是爱她不够多。当一个男人爱一个女人情到深处时，最高的褒奖便是求婚，显然，他们已过了你侬我侬的热烈期，会不会"等到风景都看透，也许你会陪我看细水长流"呢，小安的心里没有底。

可是，她已经耗不起了。

答案多明显啊，小安就是不愿意承认：他终究还是不会娶她的。姑娘你付出了这么多，得不到回报，还不赶快撒手撤退闪人，你真的打算把仅剩的青春、金钱全部搭进去吗？

没遭遇过烂桃花的姑娘不足以安稳度一生

我的两个女友，A 和 B，个性里都有狂野不羁的一面，是那种敢爱敢恨的主，嗯，就像《致青春》里的郑薇吧。做姑娘时，仗着自己貌美如花，对男人像用人一样使唤，人家还颠颠地前赴后继地扑倒在她的石榴裙下。

只是，两人的爱情之路却走得截然不同。

A 青春年少时，长得小巧玲珑，却喜欢高大威猛的男人，最好是"黑涩会大哥"那款。加上她爸在小城地位显赫，追她的帅哥排队排出几里一点也不夸张。刚参加工作偏偏爱上了有妇之夫，人家为她离了婚，要娶她时，她却反悔了。躲又躲不掉、甩又甩不脱，对方像狗皮膏药一样黏着她。万般无奈之下，就在追她的哥们儿里，找了一个具有"大哥"气质的男人去摆平这件事。

"大哥"不知道动用了什么办法，真的帮她收拾了那个烂摊子，男人果然再也没纠缠过她。她崇拜有加，与"大哥"迅速坠入爱河。这一爱就是六年，这六年里，"大哥"对她的好，有目共睹：每天去她的单位送爱心午餐，那是准婆婆精心准备的，水果削好了，一片片喂到 A 的嘴里。我们都以为，A 肯定会嫁给"大哥"了，女人不就是要嫁给一个能心疼自己的男人嘛。

谁知道 A 最终会下嫁给那么个男人呢，其貌不扬、纤细瘦弱不说，还是个"凤凰男"。她说他们是网上认识的，第一次见面，过马路时，男人牵着她的小手，她听见自己心跳如鹿，于是，她知道自己完了，这才是她要嫁的男人！跟"大哥"分手分得很艰难，听说还惊动了她爹出面。如今，A 一门心思地与"凤凰男"守着平淡幸福的小日子，不时地在网上秀秀她儿子的照片，那小子长得和他爹如出一辙。

B 的爱情经历与 A 比，简直顺利得不像话，与初恋男友经过了八年恋爱，最终结婚生子。俩人是幼儿园同学，真正的青梅竹马。结婚后，一起过过苦日子，住在单位分的一小间房子里，做饭在过道，厕所在楼下，但却情比金坚。后来，俩人努力挣钱买了大房子，小日子越过越美。这时，B却感情出轨了，她爱上了一个与老公截然相反的男人。那男人，抽烟喝酒打麻将，跟自家五好男人相比，简直是五毒俱全。可是，有什么办法呢，就是爱上了啊。B觉得自己内心深处蛰伏着一头野豹，和他才是一路人。整天想着要离婚嫁给他呀。幸好她还没糊涂到自个先离的地步，就等着男人先离她再离。结果，却等来了男人的妻子找她算账。那个女人，手里晃着一把雪亮的水果刀，当着B的面，对着自己的手腕，发下毒誓："如果你俩结婚在一起，我就死在你们面前。"

B猛然清醒，倒不是惧怕女人的刚烈，因为她自己也是这种人，她惊讶这事竟如此伤害了一个女人的心。深思熟虑后，她觉得即使嫁了这个男人，也不一定会幸福，他们是太像了，况且还要伤害到另外两个人，更有无辜的孩子。B想立即抽身离去，但是感情的事总是藕断丝连，还是牵扯了一段时间，才彻底结束。

我对B说，你让我看明白了所谓青梅竹马的爱情其实最不靠谱，因为你之前没有经历"烂桃花"的免疫与滋养，说到底是你还没有放纵过。她笑了，说，这不，我到底还是遇到了呀，虽然晚了点，就像出水痘似的总还是出了，不过也

愿你余生再无波澜，我自悲欢

好，总算弄明白，老公才是最适合与我"白首偕老"的那个人，我个性刚烈，他性情温和，也只有他消化得了我的张牙舞爪。

A 和 B 虽然在感情上都遇到过"烂桃花"，但是，她们最后却殊途同归，找到了属于自己的桃花源。

一个女人的一生，不论生命的舞台中央出现过几任男主，她总是会在踩过几朵"烂桃花"之后，才看清自己真正需要的是什么。谁是过客谁是归人，谁是"烂桃花"谁是真命天子？不论是婚前还是婚后，聪明的女人从不糊涂。有人说，没有放纵过的女人不足以安稳度一生，这话也不无道理。有时，经历是一笔财富，让你更有能力驾驭幸福。

最好的时光里与他分手

　　女人常常容易纠结一个问题，恋爱进行不下去的时候，到底何时分手最好。分手早了，感觉还爱着他，有心痛难忍的挣扎；分手晚了，又怕自己输不起这大好年华。

　　我有一位女友，爱上一个长得很帅、学历又高的男人。男人不经捧，围绕在他身边的女孩越多，他的自我感觉就越良好。女友不仅漂亮温柔，还勤快能干，每天下班就到他的住处帮他收拾屋子，做饭煲汤，把他伺候得像个大爷。因为爱，她在他面前则越发恭顺温良得像个女仆。但是，他从不在人前承认她是他的女友，连赴喜宴都不带她一起去。我戏称她是他的"田螺姑娘"。

　　有一天，女友肚子疼得在床上直哼哼，他却在一边继续打电脑游戏，只是叫她起来自己上医院去。女友强撑着自己打车去了医院。第二天，她没去他那里，他打电话来责问她为什么不过来做饭。女友伤心无比，他不问她身体好了没有，只关心自己没饭吃。我当时听了气炸了，就劝女友趁自己花容月貌，赶紧离开他，重找一个疼爱自己的人。因为就我一个局外人看来，他对她很难说是爱，也许只是依赖。可是她爱他已无法自拔，仅仅隔了一天，又去帮他洗衣做饭。在她怀上他的孩子后，他才被迫奉子成婚。这样的婚姻，谁都能预测到未来。四年后，他们离了，儿子归女方。有一次，我在街头遇到她，憔悴得简直像换了个人。

被誉为"性感女神"的舒淇曾经与"四大天王"之一的黎明谈了七年恋爱，这七年的恋爱滋味恐怕只有当事人才有深切体会。黎明的粉丝一直在骂舒淇，说她档次低、没学历、没气质等，总之，哪里都配不上天王。两人的恋情也一直没有被天王公开承认过。七年的恋爱，令她忧郁、激瘦。

2005 年，是舒淇事业飞扬的一年，那年她以侯孝贤导演的电影《最好的时光》夺得了金马奖影后。而她终于有勇气与黎明分手。她选择在自己最好的时光里与他分手，无非是想让他此后的记忆里能不悔与她恋爱过，为自己赢得最后一点自尊，因为她一直不是他的骄傲。

如果一个男人一直不想公开承认你是他的女友，你认为他是真心爱你的吗？如果真的爱你，哪怕你是一颗最平常的玻璃珠，在他眼里也是一颗熠熠生辉的宝石，他一定是以你为骄傲的，唯恐天下不知，急急公布于众：她是我的女人，你们别再打她的主意了！恋爱时不想公开承认你是他的女人，原因无非有两条：一是你不值得他骄傲和炫耀；二是他不够爱你，想骑驴找马。即便他后来真的娶了你，也不会珍惜。

无论是恋爱还是婚姻里，女人应该学学舒淇，有勇气在最好的时光里与一个不以你为傲的男人分手，那是明智的选择。然后，全身心地投入到事业当中，骄傲地对前任说一句："以前的我你爱理不理，现在的我你高攀不起。"

做个让前任高攀不起的女人，是多么扬眉吐气的一件事。

离开"许仙男"

好友若非的 QQ 签名改为：终于解脱。

我隐约觉得她摊上大事了，于是，小心地问："解脱什么了？"

若非是 80 后，活泼大方美丽。只是结婚后，两人一直没有孩子，天南地北地看了不少专家门诊，前一阵刚听说她有喜了，老公高兴得不知所措，把她当皇后娘娘一样供着，就差烧香拜佛了。男人还特地买来一本孕妇菜谱，恨不能变出七十二般武艺天天做营养美食给若非吃。问题是刚开始怀孕的女人总是因为反应剧烈而味蕾缺失，但是这丝毫不减弱两个准爹娘的欢天喜地。

可是，若非的孩子还是没能保住，两个月的时候流产了。

不相爱时，能否做到不相杀

这对两个都已三十出头，迫切想生个娃添加人气的夫妇来说是人生最惨痛的一击，更致命的是主治医生的话，把他们的爱情打入十八层地狱。医生面无表情地对若非老公说："你爱人之前流产过多次，对子宫造成严重伤害，所以才导致孩子保不住，以后想要孩子很难了。"男人脑袋"轰"的一声，他的世界爆炸了。回到病房，他面若死灰、心力交瘁的样子吓到了若非，她也清醒地意识到了他们的婚姻正四面楚歌。

出院后，若非一改往日的活泼与热闹，变得像个做了错事的孩子一样小心翼翼与唯唯诺诺，连每天要求男人的一个拥抱与亲吻不敢奢望了。她猜到一定是他知道了什么，但是他不说，她也不敢问。两个人之间的沟壑眼看着越来越深。

终于，有一天，他满身酒气地回到家，开口第一句话就是："若非你能领奥斯卡金像奖了，原来你挺能装纯情的，在我面前一直装啊。"若非一听就明白了。于是，就哭诉起她上大学期间曾疯狂地爱上她的老师，他帅得跟韩国影星裴勇俊似的，后来为他怀孕过两次。可是，她那时当真是少不更事，爱上了老师的帅气和不羁，而他不只有她，还有别的女人。她深陷其中不能自拔，身心俱伤却浑然不知。直到后来，老师的妻子发现后大吵大闹差点逼得若非退学，而老师却对她也日渐冷淡，流产后也从不来看她，又有了新欢，她才知道原来他是个人渣。

男人听了既不骂若非，更不打她，维持一个受过良好教育男人的谦谦君子风度，只是从此在家里选择失语。当他自以为清纯美貌、宛若仙子的妻子，忽然像白娘子一样拖着一条隐藏着的硕大尾巴现出真身在他眼前时，他紧张慌乱、将信将疑中，化身为"许仙"。

若非终于扛不住家庭冷暴力的苦苦相逼，率先提出了离婚申请。男人答应考虑一周时间。一周后，两人协商离了婚。

若非说她其实一直很担心自己的过去被男人知道，可谁知上苍偏不成全她。如今到底还是失去，也算是一种解脱吧，如果下一次，遇到的还是不能包容她过去的"许仙男"，那就孑然一身。

想想也替若非痛惜，男女平等说了多少年，到底还是平等不了。网上曾流行一句话：谁年轻时没爱个把人渣？但说到底最后吃亏的还是女人。所以，女人不顾一切地去爱时，还是要学会适当保护自己。

爱过人渣已经是遇人不淑，再遇到小心眼的"许仙男"，是女人不幸中的不幸，但是，所幸这世上还有许多心胸开阔的男人。

若非，相信你会幸福的，毕竟你还年轻，犯过的错还有机会改。我最喜欢的女作家刘瑜曾说过："命运的归命运，自己的归自己。"这句话里的意思是，命运也许对你下手凶狠，可是你不能束手就擒，你该干啥就干啥，虽然干不过它，至少努力抗争过而无憾。

而命运，通常也会对不屈服的人致敬。

走着走着就散了

　　米拉说她最近心情很不好，因为她的男闺蜜马上就要结婚，并且现在对她爱理不理的。她根本接受不了这个打击，说，他怎么可以结婚呢？他怎么可以这样对我呢？本来以前她一有什么受伤、受气或者纠结的事，打个电话给他，痛哭一场，他则温言软语抚慰着她。第二天，她就像打了鸡血一样又精神抖擞地去打拼了。他一直充当米拉的垃圾桶，承担了她所有的坏情绪。可是，他竟然要结婚了，更可气的是，他对她的来电也不接了。米拉心里那个难过呀。

　　作为局外人，我看得出他们之间曾经的暧昧。我问米拉，你想他怎样？不结婚就这样和你精神恋爱一辈子？你都有丈夫和上幼儿园的娃儿了，直白地说他也就是你精神空缺时的蓝颜知己，再说你又不会嫁给他！他怎么就不能结婚去寻找自己的幸福呢？当他有了心上人，你的地位自然下降，你们只是朋友，又不是恋人。

米拉黯然神伤地说，我又失去了一位好朋友。女人都希望自己是林徽因，即便已是梁太太，身边仍有徐志摩这样的长情男闺蜜，金岳霖先生为她终身不娶。可是，有几个女人能有林大才女的仙姿和情商？又有几个现代男人会为一场暧昧而用一生去埋单？

死党妮妮从前也有个蓝颜知己，据说在精神上高度契合。他们隔一段时间就会坐在一起喝茶聊天，一聊就是一下午。男人虽然表面上云淡风轻，其实内心有微波荡漾，有时，在QQ里会发来只言片语：相见恨晚。可是他的这句话不代表妮妮内心的想法。她只想拥有这样的一位兄长知己，陪着她度过一生该多好，在被生活打得措手不及、郁闷苦逼之极，能及时得到他的指点开化。他那么品质良好，又善解她意，真是贴心，她真拿他当朋友的，连茶资都是AA制，你请我一次，我回请一次。可是做异性朋友有一点最致命，当其中一个有了爱意，友谊要么向前发展成婚外恋，要么退回到最初，但友谊已经不似昨日那般甜蜜温馨，而是淡到一杯白开水一

愿你余生再无波澜，我自悲欢

样可有可无。妮妮选择了后者，她想保留他们之间的纯情，可是他却不稀罕什么友谊。

当他知道他们之间已无情路可走时，就挥剑斩情丝，删除了她的电话，不再和她有一点关联。最绝的是当有一回妮妮打电话给他时，他竟然问你是谁？妮妮真的伤透了心，难不成男人女人之间就真没有友谊的空间存在？他就这样把她丢在风中，成了一个过客。男人往往把女人的友谊误以为是一场暧昧的开始，而女人却天真地以为男人可以成为精神知己。

受到内伤后的米拉在 QQ 空间引用了几句诗："走着走着就散了，回忆都淡了／看着看着就累了，星光也暗了／听着听着就醒了，开始埋怨了／回头发现你不见了，突然我乱了。"

可不是，昨天我分明是和你说说笑笑走在路上。走着走着，你忽然转身不见了。今天一回眸，终成回忆一场。人生就是这样一路走一路丢，我们在走走丢丢中长大、成熟、老去。你呀，不必乱，你有你的幸福，他有他的方向，就像不同航向的两只夜行船，偶尔有相互交汇的灯光，转瞬就各奔东西。

男闺蜜结婚了，真没什么好难过的，一生说短也短，说长也长，有人注定陪你走一阵子，还有人注定陪你走一辈子。

怎么会是你，抢了我的宝贝

　　闺蜜之间抢对方男人的事件，不只是在小说与电影里才会有，现实中也比比皆是。但是许多姑娘觉得与自己无关，殊不知，生活有时比戏剧还残酷。

　　确切地说，顾盼是在去年圣诞节那天心头涌起一团疑云的。她以前工作过的银行系统举办一年一度的职工家属大联欢，她虽然辞职了，但是她先生郭恺还在那工作，他们原本是同事。

　　奇怪之处就是在顾盼去参加联欢之前，郭恺对她千叮咛万嘱咐道："聚会时千万别多说话，言多必失。如果有人问你我每天中午都干吗去了，你就说我每天中午都回家午睡的。"顾盼并不知道先生为什么要她说谎，他从来中午都不回家的呀，虽然儿子才一岁半，正是萌翻天的时候，但作为奶爸，他中午也没回来看过儿子。

于是，女人敏感的小心思让她多了一些不好的猜测，但是又不敢把事情往最坏的方面联想。

郭恺平时应酬很多，又不胜酒力，经常醉得东倒西歪地回来。有一次，顾盼看他喝得醉意朦胧、神志不清地去洗澡了，赶紧把他的手机拿到手，轻松地破译了开机密码，是儿子的生日。打开手机，就像打开了潘多拉的盒子，一切阴谋阳谋尽收眼底。他的 QQ 聊天记录里清晰地表明他与她的闺蜜林小凡已经发展到在外租房子同居的地步，而她竟浑然不觉！顾盼看着这对狗男女露骨的调情之语，顿时天旋地转，只能扶墙而不致使自己轰然倒下。

他们是什么时候好上的？而这一切，他竟瞒天过海，不对，总有蛛丝马迹的，她的心怎么那么迟钝，是都投入到孩子身上去了吗？

顾盼和郭恺是大学同学。当时顾盼在外语系也算是系花一朵，大眼顾盼有神，身段高挑婀娜，当时已有一个高中初恋的男友，是身为富二代的郭恺死缠烂打地追求，她被他的诚心打动，才放弃了青梅竹马的初恋投入他的怀抱。他们的校园爱情曾得到许多同学的祝福与艳羡。毕业后，两个人同时去本市某银行工作成为同事。结婚时，公婆送了一辆时尚的宝马车给顾盼开，宝马的时尚气息，与顾盼的气质简直是绝配。生下儿子后，郭恺家人强烈要求顾盼辞职做全职太太，于是，顾盼就在家过着相夫教子、安逸的阔太太生活。

在银行工作时，顾盼结交了同事林小凡夫妇。林小凡是那种妩媚到极致的女人，一笑起来，甜蜜灿烂的样子能融化世间所有的坚冰。她与顾盼是两类女人，顾盼是有点高冷的，而林小凡是超有磁力的女人，不仅颇有男人缘，也颇有女人缘。林小凡的先生虽然长得高大帅气，家境却一般，但是他工作一直很努力，所以事业发展得比郭恺好，如今年薪也有三十万。他们夫妇生的是女儿，与顾盼的儿子同岁，于是，两家经常开玩笑说要结娃娃亲。

这两对夫妻既是同事又是好友，一年当中会有几次结伴旅行的美好时光。他们四个曾身着泳装一起在海南的海里纵情游泳，四双手牵在一起，笑容坦荡；也曾去黄山爬到天都峰，同心锁锁了一双双。只是顾盼哪里料到，林小凡的先生又哪里能料到，其中另两个人早已迫不及待地从情愫暗生、秋波暗递到暗通款曲，从精神到肉体的疯狂出轨，在各自的

愿你余生再无波澜，我自悲欢

婚姻与孩子面前全然不是问题。

顾盼等郭恺洗好澡出来就把真相的面纱给撕开了。她以为郭恺至少会竭力掩饰否认或者痛哭忏悔，毕竟他们有七年的感情基础，还有牙牙学语的儿子。她还在想究竟原不原谅他。谁知他竟然全都供认不讳，还坦白说在顾盼怀孕时他们就好上了，并且他还信誓旦旦地说要对林小凡负责到底，他要尽快离婚后迎娶她！顾盼惊愕、愤怒之极，甩了他一记响亮的耳光："你个白眼狼，对一个跟你有七年感情、为你生儿子的女人不负责任，却口口声声地要对他人之妻负责任，你还是人吗?！"

尽管公婆都坚决站在顾盼一边，大骂儿子是不是疯了，不同意他离婚，如果离婚不给他任何经济支持，可是，郭恺为了达到离婚的目的竟然不惜与父母闹翻。顾盼看得出郭恺的心已经走得很远，他没有半点想留在自己身边的意思。他们唯有离婚，别无出路。

既然如此，不离还有什么意思？顾盼也是有尊严的知识女性。

离婚后，儿子的扶养权归郭恺，但因为太小而跟母亲生活在一起，顾盼已重新出去工作。据说林小凡的先生也说过只要妻子肯回头就原谅她，但是林小凡也还是决然地离了，没要女儿。林小凡和郭恺已经公然住在一起，这两个曾经是朋友的家庭，如今拆开后又组合成一对。

顾盼在反省这一段失败的婚姻时，对我说过后悔有四：一、她不应该生子后辞职在家做全职太太，女人经济不独立，时间久了，男人其实瞧不起；二、不应该与闺蜜两家走得太近；三、女人都应该修炼出林小凡的一身媚功，把男人吃得死死的；四、就算是没有媚功，也要做最好的自己，女人结婚生子后不能没有自我。

顾盼最后还是叹了一口气说，我怎么也没想到啊，"小三"怎么会是她呢？唉，不过，输给林小凡，我还是心服口服。

顾盼服林小凡什么呢？我想应该服气的是，闺蜜虽然和她一样结婚生子，却依然没有放弃事业，也没忘记修饰打扮自己。她的世界很大，生活里有自我。

一对抛夫（妇）弃子得不到祝福的男女最终走到一起，除了真爱，你还真无法解释。

缘分来时，如涨潮般挡也挡不住；缘分去时，如潮落般一退千里。亲爱的姑娘，你只有朝前看、不回头，你的格局终将开阔，因为你还年轻，一切都来得及，哪怕犯了错。

把初恋打个包封存起来吧

坦率说，现在逢年过节放长假最热闹的莫过于同学会了，从小学到大学，各种同学聚会此起彼伏、方兴未艾。

只要有同学聚会的地方，就有暧昧的空气滋生。"东风夜放花千树。更吹落，星如雨。"那些曾经暗恋、心动过的小情愫纷纷扬扬如流星雨。

自从上次高中同学聚会后，林冷的心里多少有点不踏实。因为老公与他阔别了十多年无音信的初恋又联系上了，虽然两城相距较远，但现代交通快捷，难保他不去看她。

都已是使君有妇，罗敷有夫，可是，谁不知道初恋是男人心头的那颗朱砂痣，是女人心中的明月光。况且，那次同学聚会，老公也邀林冷同去的。看见他初恋时，林冷还大方地主动打了个招呼，可是心里却酸溜溜的，她怎么还是那么苗条美丽，尽显轻熟女风范，看上去别有韵致。林冷看见老公过去大大方方地敬了初恋一杯酒，桌上有同学调侃起他们曾有的那点事，某人倒还好，没接招逗留，就乖乖地回到自己身边。

同学聚会回来后，老公不久出差，地点就是初恋所在的那座城。林冷心里犯起嘀咕，言语间就不知不觉地冷嘲热讽起来，"这下某人正中下怀了吧，又可以去看心上人了。"他知道她在吃醋，就把她一把搂进怀里，笑道，"来，我给你讲个故事吧。一个大和尚和一个小和尚来到河边。河上没有桥，只能蹚水过去。河边有个女人也想过河，于是大和尚把她抱过河去。三人到了对岸，大和尚放下了那个女人。小和尚仍边走边想，师傅整天说出家人四大皆空，可自己刚才却和那个大嫂有说有笑的，还抱得那么紧。两人又走了很长一段路，小和尚终于忍不住问师傅，您不是常说出家人四大皆空，而且要戒女色吗？您刚才为何抱着那个大嫂那么紧？大和尚说我有吗？我在河边就已经放下了，可你还是抱着她的啊。"林冷一脸娇嗔地捶打着老公，说你才是那个小和尚呢，你才没放下。

他当然还是去见她了，就当是见个老朋友吧，还买了一束象征友情的黄玫瑰，不是红的。不见时，心里的那些美好记忆都还如陈年老酒一样历久弥香；见了，却怎么也找不到当初的那份感觉了，除了陌生还是陌生。他们除了喝酒吃菜，回忆青春往事，已无新鲜话题可对接。爱情就是这样，两人在错误的时间里擦肩而过，再回头时，已是一生都遥不可及的距离。

出差回来后，林冷在他的衣服上细细寻找蛛丝马迹，还反复念叨他初恋的名字。他觉得既可笑又可气，于是郑重地对她说："以后你能不能不再提她的名字？我说过，我已经放下了，她一个外人，关咱家什么事呢？老婆，你老是提她，是存心不想让我忘记她是不是？你想让我重新在心里把她抱起来呀？"

林冷听了一愣，是呀，谁没有青涩的初恋？老是把对方的初恋挂在嘴上，把自己家里弄得硝烟弥漫的，人家初恋过着幸福的日子呢，一个外人关你家什么事？她想起闺蜜小茶的前任是个"官二代"，分手后，小茶嫁给了一个"经济适用男"，虽已结婚生子，但总不时地能从朋友那里听到有关前任的消息，他事业越做越大，连锁店在各大城市铺开，他离婚成为钻石王老五了，等等。有了前任这么个参照物，小茶就开始时常走神，心理失衡，想想自己连换套大一点的房子都不行，对老公各种不满加嫌弃，于是，家中经常爆发战争，鸡飞狗跳，感情越来越稀薄。

从此，林冷绝口不提老公的初恋。

《欲望都市》里的专栏作家 Carrie，性感美丽，在异国他乡遇见了帅气敦厚的初恋 Aiden，两个人微笑相拥问好，依依惜别。Aiden 约 Carrie 晚上再见。Carrie 挣扎了很久，最终还是没有去赴约，他们各自已情有归处，而曾经的旧情没有必要在异域的夜晚、在酒精的催眠下再度发酵。

也许，我们每个人心里都曾住着一个初恋，她或许是坐在你的前排，长长的马尾辫扫过你的脸；他或者给你写过诗，那种倾情的赞美使你不敢相信自己有那么美好。年少时的爱恋，如明月光，如朱砂痣，但既然已经有了此生携手的人，那么，在路上，就放下 TA 吧，不再是朋友，只是曾经熟悉的陌生人。

寂寞高手

女人分好看的不好看的，还分好看的却不够聪明的，不好看可是聪明的，既好看又聪明的。好看的养眼，聪明的养心，既好看又聪明的那是人间尤物，资源比较稀缺。譬如家门口的水果店里的两个女人，简单地说，一个是好看，一个是聪明。

这家水果店开了很多年，不仅屹立不倒，还把旁边两爿小店吞并过来，扩大了营业面积不说，又在附近的几个小区开了三四家连锁店。

水果店的老板，是个瘦小精干的 70 后，却娶了个高大、壮硕的妻子。他们来沪打工已十几载，刚开始水果店就一窄小的门脸儿，我妈去买水果还经常讨价还价的，如今完全是水果超市的派头，机器收银，支付宝、微信付款，我妈就再也没机会讨价还价了。

生意做大以后，老板换了座驾，还在上海买了房。老板娘看上去虽然粗相，但几次接触下来却发现原来是个人精。

夏天买西瓜常有失手挑错瓜的时候，顾客找到店里来要求退换，有的西瓜其实并不太糟糕，小伙计们总是推三阻四，不想认账。但只要你找到老板娘，她总是很爽气地一挥手说，给他换个大一点的，就换了。有次，店里进的一卡车西瓜都不大好，她一一赔偿给顾客，自己认栽。

老板的弟弟、弟媳一家也在店里打工，弟媳生得美，生了几个孩子身材仍然苗条得很，连生三个闺女还想要一个儿子，就把二女儿送人，硬是再拼出来一个儿子。孩子那么多，弟媳自然照顾不过来。三女儿也才两岁不到，正是黏妈妈的时候，可是妈妈照顾宝贝弟弟去了，她有时就哭闹个不停以示抗议，哭起来悠远绵长，任谁也哄不住。但她只服老板娘，老板娘先是一唬再是一哄，小姑娘就服服帖帖倚在她怀里喊她妈妈，叫她讲故事了。我见识过几回，总是啧啧称奇。老板娘说起妯娌，语气中有一种悲悯："可怜的女人，结婚后就一直不停地在生呀生。"

老板娘三十来岁，儿子都上高中了，乡下姑娘结婚生娃早。她还想再要一个，却始终怀不上，去医院检查身体，医生要她减肥后再生。于是，她天天晚上不吃饭，跑步。减肥这件事说起来容易，坚持下来到底有多难，是女人都应该体会过吧。可是，她硬是减掉二十多斤肉，腰身也显现出来，又去医院开了个双眼皮，衣品较之前也上升几个档次。

终于有一天，老板娘怀上宝宝了，整天穿着平底鞋，脸上挂着美滋滋的笑容，对顾客特别大方。过了不久，她复又穿上高跟鞋，我觉得奇怪，一问，才知道孩子没保住流掉了。她幽幽地说，不要了，就一个孩子好好培养也是一样的。

看得出，老板娘与老板的感情极好，好到蜜里调油。有时，在大庭广众之下，就见身材高大的老板娘依偎在瘦小的老板身上撒娇，老板双手环着老板娘的腰，女人要高出男人半个头，画面稍稍显得有些滑稽。但两个人甜蜜私语着，视我等如空气，老板娘的脸上流露出小女人般的甜蜜与幸福。

日子一天天推移，很多事情看似不变其实都在悄悄地改变着。有一天，他们吵架了，吵得还很凶。老板掉头走人，老板娘仍然在大声地对着小叔子控诉着他哥哥犯下的过错。原来老板生意做大发之后，就有点自我膨胀，感觉自己有钱了，没能跳出老板娘所说的"男人有钱就变坏"的俗套。有个门店招来一年轻美貌的姑娘收银，从此，这个扬言"不是在创业就是走在创业的路上"的豪情小老板，立即被这姑娘勾了魂，俩人眉来眼去，暗通款曲，姑娘还珠胎暗结。这下可好，老板别说创业，连店也不管了，只爱美人，看老板娘更是横竖不顺眼。

老板娘可不是一般二般的女人啊，她做事向来杀伐决绝、手起刀落。知道有人想觊觎她老板娘的宝座后，果断利索地找到那姑娘，先带她去堕胎后辞退，再打一笔巨款给她让她消失于茫茫人海，还语重心长地告诫姑娘以后动什么都别动别人的老公，找个好男人嫁了吧。

水果店的桃色事件就这样平息了。我昨天去买水果，看到老板娘面无表情地坐在门口嗑着瓜子，脸上厚厚的脂粉里透出丝丝寂寞。

高手通常来说都是寂寞的。

能成为高手的女人都不是一般女人。

你有没有一颗过日子的心

美亚曾有一段刻骨铭心的初恋。

他是她的大学同学，家境优渥，人又帅到没朋友。大学一毕业，她就追随他来沪，因他是上海土著。

美亚在一家日企工作，薪水并不高，但是她生活得很滋润，因为所有的收入她都用来吃喝玩乐，像租房、买名牌服装、奢侈品包包之类的大笔开销，都是男友刷卡。是他，喂大了她的胃口，开启了她一生花钱大手大脚的模式。

他们如世间所有相爱的情侣一样幸福地生活在一起，不问忧伤。只是她想言嫁，他却不提娶。

同居的第四年，他忽然说将出国留学，手续都已经办好。美亚一下子懵掉，她打他骂他用包砸他，生气他为什么不提前告诉她，他当她是什么人？然而，眼泪与深情都挽留不住远去的心，他头也不回地走掉，把她扔在出租屋里哭泣。

后来，美亚才知道，在与她同居的时候，他早已劈腿另一个女孩，他们一起出国了。

美好的初恋以这种残酷的方式幻灭，美亚心疼自己这些年身心的付出。

这时，另一位追求者来到她身边。他们是高中同学，老乡，他暗恋过她。他在上海已买了房，单位还帮他落了户。他虽然长得不比初恋帅，也不如初恋家境阔绰，但也瘦瘦高高、有款有型，小康家庭长大的孩子，人显得特别单纯老实。美亚空落落的心正无处安放，在他的百般关怀下，冷却的心开始慢慢回暖。

当美亚等初恋等到无望的时候，她便嫁给了他。既然最爱已失去，那就与次爱牵手一生吧，她当时的确是这么想的。

婚后第二年，一个虎头虎脑的男孩出生。她没再出去工作，过日子似乎除了手头拮据一点，一切都还算静好。倘若美亚就此安下心来与男人白首偕老，他必不离不弃、生死相依吧。

可是，美亚的心无法安定啊。得知大学时的闺蜜个个都比她嫁得好，生活水准甩她几条街时，痛苦如百爪挠心昼夜不歇。没有比较就没有伤害。当年她可是学校里的风云人物，班长、学生会主席，要身材有身材，要相貌有相貌，要能力有能力，哪点不如她们？谁知她最后却嫁给一个如此平庸的男人，一个月万把元的薪水哪够她开销！更不消说养孩子了。

网上有一道测试题，说如果你嫁人之后，生活水准不升反降，就证明你嫁得很失败。美亚觉得这话就是说她的。

孩子一岁半后，美亚又出去工作。工作中结识了一位做生意的客户，常请她吃饭、K歌、泡温泉。刚开始，就在上海周边玩，渐渐地，他带她越跑越远，他们越走越近，然后，她就婚内出轨了。美亚在朋友圈再也不发幸福的一家三口合影，而是大段大段关于爱与哀愁的诉说。明眼人都能看出，美亚的感情出状况了。

她开始嫌弃老公挣钱少，言辞如利剑一样刺向他。他们争吵、冷战，摔锅砸碗，鸡飞狗跳，日子不复安宁。

忽有一日，他提出离婚，很坚决，还说自己有更适合的女人了。美亚再一次懵掉。在这场女强男弱的婚姻里，就算是离婚，先提出来的人应该是她吧，什么时候他也变得如此嚣张？竟然还有更合适的人了？她没听错吧！

说实话，美亚并没有想过离婚，她知道情人不会娶她，她也不会嫁他，只是搞不懂自己为什么会把日子过成这副鬼样子。

老公坚决要离，美亚慌了神，她知道离婚对自己百害无一利。在这座繁华都市，她没有房子，又没户口，如果不离婚的话，再过几年就可以入户了，那时，她还有机会考个公务员什么的。

于是，她只能请求单位领导出面来做老公的思想工作，为了孩子不要离婚。本来离婚这事搁到今天，已没几人会闹到单位众人皆知，可是，美亚也是没法子才出此下策。谁让她在婚姻里心猿意马、旁逸斜出，弄到今天这个被动的局面！

爱情在天上，婚姻在人间。也许在婚姻里最可怕的不是出轨，而是你有没有一颗过日子的心。想起一位朋友评价自己的前妻时说，她根本不是过日子的人。

想一辈子把烟火日子过好也不易。民国女神林徽因和梁思成结婚前，梁公子问林小姐："有一句话，我只问这一次，以后都不会再问，为什么是我？"林徽因答："答案很长，我得用一生去回答你，准备好听我说了吗？"有多少女人羡慕林徽因，老公死心塌地地宠着，还有两个著名的长情男闺蜜爱着……可是，有几人有她那样的情商和智商？

第四辑

自强的姑娘都配得上幸福

独自一人，风生水起

菲菲一定后悔过自己的作。

因为在她多次指责先生挣不到钱，没有上进心的情况下，俩人感情已经岌岌可危，她还不知道问题的严重性，有一天，竟然当着公婆的面，摔了锅砸了碗。然后，一向老实内向的他居然就搬出去住了，还单方面申请离婚，再也不肯回来。

强势惯了的菲菲没想到情绪先行、理智后行造成无法掌控的"车祸"现场，她低过头、服过软，希望他回来，日子照旧过下去，因为宝宝还小。她也曾写过这样令人惆怅的话语："突然想撒个娇，讲一些温情的话，心头千回百转的，最后对着空气道了声，晚安。"然而，男人的心不是伤不得，但最痛的地方你不能碰，那就是你不能嫌他没用。更何况是你一个月入五千的指责他月入一万的挣钱少呢。他不仅不回来了，还很快要和她离婚，据说已经有了开始下一段感情的合适人选，这让菲菲感到震惊。然而，人就是这样的，你嫌弃的，别人当宝。菲菲后来扪心自问，他的确不错啊，长得那么帅，人又实在，只是不想压力太大，没有拼命去赚钱而已。对于一个打小生活安逸的人来说，你逼他加班加点勇挑重担升职赚钱，在他看来不亚于下地狱。

而菲菲不同，大学一毕业，作为独生子女的她就扛起家的重任，因为母亲得了白血病，医药费高得惊人。她对金钱的渴望是赤裸裸而毫不掩饰的，全世界的人都感觉到她是如何缺钱。除去为母亲挣钱看病的那部分原因，她自己本身也是个不折不扣的物质女郎，让我想起《了不起的盖茨比》里的一句话："她的声音充满了金钱。"但不是每个男人都能像盖茨比一样认为这样的声音是无穷无尽的魅力源泉，金钱叮当的声音，铙钹齐鸣的歌声……

有人早说过，价值观不同的婚姻难以白头到老。他们果然还是以离婚收场。

离婚后的菲菲压力很大，因为在这座城市她没有房子，所以连孩子都狠心没要而是给了娃爸。房子是先生的婚前财产，没她的份儿。她搬了出去，租房是很大一笔开销，挣的钱只够付一套一居室的房租。菲菲立了一个目标，就是再嫁一次，且这次一定嫁得要比第一次好。有人说，女人第一次会嫁给爱情，第二次则嫁给金钱。菲菲明显也想走这条捷径，所有的相亲对象均指向有钱的男人。帮她介绍的人很多，见过自己开诊所的牙医，可惜牙医早早谢顶；见过收入不菲的律师，律师请吃个饭也与她要 AA 制；还见过商人，商人第一次见面就居高临下地招呼她，来来来，美女，坐到我身边来，再靠近一点，你不要怕我呀，我不是老虎又不吃人。她拔腿走掉。

菲菲本来以为，她还是有市场的，没想到，她成了被挑选的一方。三十出头的漂亮女人，找个结婚的对象也许不难，难的是找个看了顺眼的有钱人。"高富帅"与"白富美"为什么那么受追捧，只因为中间的"富"字难求，三个字合在一起就更难求了。

每天把自己打扮得美美的、随时随地准备邂逅"高富帅"的菲菲，不久就失望了。她开始把精力投入到工作中，英语专业毕业的她业余时间充电读研，又跳槽到一家美企，没日没夜地加班干活。情场失意，职场得意，很快，她就升职加薪，薪水比之前翻了几倍。她把父母从外地接过来，退休的父亲在外面接了个保安的活干着，母亲的病情也渐渐稳定。上次我遇见她，看她整个人的精神面貌都变了，不再像以前活脱脱一个怨妇。我笑问她，可找到合适的有钱人没有？她说，没呢，随缘吧，不求富贵，最好找一个有上进心的，能一起奋斗一起供房、三观合拍的人过一生，你要是看到这样的单身狗别忘了给我介绍哦。

历经千帆过后，菲菲终于知道了自己想要的是什么。

前天，看到她在朋友圈发了一条说说，"你很棒，单枪匹马，仗剑天涯，独自一人，风生水起。也曾，言不由衷地笑，词不达意地说。在最深的绝望里，依旧有坚毅目光。我知道，你不言苦楚，更不会放弃。好姑娘，光阴慈悲，定会厚待！"

我真心实意地为她点了一个赞。"好运气让人更积极，坏运气让人更努力，幸与不幸，皆是万幸。"现在的姑娘真是越来越独立自爱。

无独有偶，我还有一个女友，三十多了，至今单身，她容貌、身材、气质和工作俱佳，是一个北漂多年的妹子，追求者众。有一天，她在朋友圈里发了这样一段话："一点也不稀罕任何人的垂怜和帮助，姐就是那个可以、也绝对能为自己买房子的姑娘。"哇，真是太励志了，在北京可以自己买得起房子的姑娘，我为你点三十二个赞！

　　以前总说，勤能补拙，现在则说，"越努力越幸运"。努力的人自然被幸运光顾的机会就多，把握幸福的能力也强。身为女人，既然很难从男人那里得到什么好处，那还不如单枪匹马，仗剑天涯，一个人也可以风生水起。吴淡如说："天生若不是宠物狗，是耕牛，是战马，就必须尊重天性。"

好姑娘要学会与上司保持安全的距离

　　有几分姿色的职场年轻女性最要学会的一点，是如何与男上司保持安全的距离，保护自己。刚进职场时，菜鸟小安就听到不少闲言碎语，谁谁谁和上司有一腿，然后升职了……小安听得心惊肉跳，为了升职愿意被潜规则，这代价也太大了吧？

　　小安辞去小城工作后，第一天到大都市的新单位报到时，就被上司留在办公室扎扎实实地上了两个小时的课，据他说课还没上完，且听下回分解。正值午餐时间，中年男上司又不容小安回答一个"不"，领她去吃工作餐。

　　后来的日子，上司常常借工作名义，打电话到小安家里，或者发微信给小安。小安礼貌而有距离地敷衍着，隐约觉着这个上司有点不大对劲，因为他并不是她的顶头上司，他们中间还隔着一个部门领导。她开始警觉，有意回避。小安回想起从前她在一家国企做事，曾受过一次最严重的骚扰事件，就是有男同事曾用匿名电话变声骚扰她，差点使她崩溃，迫使她最后报警解决此事。此事给她留下了心理阴影，以至于男人稍稍有点讨好她的举动，都会使她与他一下子拉开十万八千里的距离。

小安自认为不是美女，身材不火爆，言语也无趣，姿态不撩人。但是，从小安十八岁时起，围在小安身边的男人一直不见少，可能是她长相上比较有男人缘吧。这让小安百思不得其解，也倍受困扰。所以，三十多岁高龄的她还在与闺蜜们探讨，该如何拒绝男人既不伤他自尊又能让他保着颜面。闺蜜们也纷纷感叹做一个现代女人难，做职场女人更难，做一个稍有点姿色的职场女人难上加难，不仅要"上得了厅堂，下得了厨房，开得起好车，买得起好房，斗得过二奶，打得过流氓"，还要掌握与好色男上司的安全距离，既不至于被潜规则了，又不至于得罪他使他给你小鞋穿。

好在小安与男上司办公地点相距较远，开车还要半个小时。有一天，他打来电话说："小安呀，我马上过来到你们部门去开会。"小安表面上却客客气气地说，好的，欢迎领导莅临指导工作。（来就来呗，还要我接驾咋的？）他来开会时，谈笑风生，喷珠吐玉，时不时地还瞄一眼小安，仿佛小安能给他无穷无尽的灵感。走的时候，当着众人的面使劲握着小安的手摇啊摇。小安赶紧抽出手来，抓了几个香蕉、橘子塞他手里，上司是个胖子，好吃。

有的时候，他叫小安送份材料过去，小安叫办公室别的同事带过去了。不一会，他就打来电话来批评，你这个材料写得不行，要这样改那样改，小安听了，暗暗骂他：就你那点小心思，姐岂能不懂？但是表面上说好的，我过会改好了送过去，他就乐得不行。可是，小安改好后，恰好有同事说要去上司那里一趟，又顺便捎过去。小安心里暗自松了口气。等到某天万不得已被招见时，她也会把办公室门开着一道缝，手机录音准备好，害人之人咱没有，防人之心不可无。

如此几次三番暗斗下来，男上司也明白了小安的良苦用心，就自觉收敛花花心思。虽然有时候还有点不甘心，但是终究不敢拿小安怎样，见了面客客气气，顶多年会上一起吃酒时，仗着微醺，握着小安的手摇着晃着不肯放。

女人若是遇到好色的上司，还是要斗智斗勇，不要轻易撕破脸。其实，男上司也是一种试探，你若有意，一拍即合；你若无意，他也不会纠缠，大家都是明白人。女人在职场上千万不要玩暧昧，因为一份工作也许会陪伴你走过很多年，如果有段绯闻一直如影子一样跟着你，被人背后指指戳戳的，还需要练就一颗强大的心脏才行。

天使不必懂人间

　　每个人的出生无法选择。"好想出生在纽约或巴黎，东京也行"，《东京女子图鉴》里那个出生在十八线小县城的女主角曾这样说。哪个女人不希望自己出生在大城市的良好家庭，从小过着优渥的小公主般的生活，不知人间贫穷与疾苦，就像天使不懂人间。

　　我对面办公桌的美女薄荷就是这样的幸运儿。那天，她拿手机对着刚到手的两张话剧票一顿猛拍，边兴奋地说："太激动人心了，我终于可以见到我的男神啦！小哥、天真、胖子，姐来看你们了！"

　　这两张票可不便宜，两千多块呢！我好奇地问她，你心目中的男神是哪位名角？在剧里演谁？薄荷以一副沉醉于恋爱中的小女人腔调说:"不是演员,是《盗墓笔记》的主人公,跟谁演的没关系。我是先看小说爱上他的!然后决定去追话剧里的他。"

"哦哦,你是爱上二次元里的人物了!花两千多元去追一个现实中并不存在的男人,你先生知道了不生气吃醋吗?"我忍不住八卦道。

换作我,花这么多银子去追星我肯定不舍得,一张票两百多还可以考虑考虑。边想边在心里鄙视自己什么时候变得如此物质,曾经也有身为穷学生时倾其所有,只为买一套《追忆似水年华》以图精神奢侈的青葱岁月啊。

"为什么要吃醋?他高兴还来不及呢!你想想我爱上的人毕竟是虚拟的,对他不构成任何威胁。如果我在现实生活中去谈恋爱,那他才叫惨!"

说实话,我经常把薄荷与我家十五岁的女儿联系在一起,她们都喜欢看唐七公子的书,她们还都爱看《神探夏洛克》。这么说吧,如果薄荷和我女儿在一起做闺蜜毫无违和感,因为没有代沟,因为太有共同语言。问题是薄荷今年已经足足三十五岁。但她就像一个不谙世事的少女,简单直接。前上司退休前,大家在一起吃最后的晚餐。前上司平日最会玩弄手段，手下有个女副手丹丹被他耍得团团转，还浑然不觉，直到前上司临走时，她才被人告知真相。那天的饭桌上，前上司当众人的面，用讨好的语气赞副手丹丹，说她人很纯，是心思单纯的纯，薄荷接过话柄直接逼问："请问您觉得她是chún还是chǔn，到底是读第二声还是第三声呢？"众人惊住，见过直接的，没见过这么直接的！气氛好尴尬，有人赶紧打哈哈圆场。

奇怪的是，薄荷就这样以简单对复杂、以不变应万变，在钩心斗角、倾轧排挤的职场，出乎意料地落在"你简单世界也简单"的安全地带安身度日，还赢得了超级好的人缘。

看电视节目真人秀时，又发现了一个和薄荷神似的女人，她就是被公众称为"女神"的许晴。"女神"今年四十五岁了，撒娇卖萌依旧无人匹敌，不仅自由散漫，还有通身的公主病。于是，许多人看不惯就来"黑"她，年纪一大把了还这么娇情，太能装了！可许晴觉得很无辜。她说："小时候受到家人的宠爱，长大后受老师宠爱，在剧组拍戏的时候也有大家的宠爱。所以我每次拍完戏就走开，离开这个圈子，和喜欢的人做喜欢的事情，其他都顾不上。正因此，我的心态永远不老。"是的，我坚信她说的话是真的。有的人因为一路走来顺风顺水，不缺钱也不少爱，所以根本来不及长大，也无须长大。

想起几年前，我带女儿去朋友家玩，当朋友周岁的儿子用一双水般清澈的大眼睛盯着我们看时，女儿说了这样一句话："妈妈，你看他的眼神，是天使不懂人间吧？"

我被女儿的这句话深深触动。是的，一切长不大的人，都可以用这句话来概括。她们是幸运的，她们不曾生活得艰难困苦，得以保全其天使的一面；她们率性而天真，毫不设防也无须防备，而这天使般的性格，决定了人间疾苦与江湖险恶，在她们面前亦从不存在。说真的，对她们，我们的内心，到底是看不上呢，还是羡慕妒忌呢？谁又不想，不必看懂这个人间。她们，原是我们的梦呵。

中年这杯茶，温度刚刚好

　　作为一名中年女人，对那些年轻活泼姑娘的羡慕妒忌那是无法掩藏的，也是资源流失者对资源拥有者的垂涎与致敬吧，因为青春说没就没了。

　　新来的领导是个 85 后的姑娘，红扑扑的脸色好得不像话，白皙的皮肤嫩得吹弹可破，办公室的女人各种羡慕妒忌赞美，还伴随着一声叹息。

　　有句话怎么说的来着，当你开始羡慕别人年轻的时候，证明你已经老了。能不羡慕吗？小领导这么年轻、好看，嫁了一枚 Mr.Right，育有一个虎头虎脑的娃，事业又蒸蒸日上，这应是女人最美好的时代吧？

　　其实一直都暗自羡慕 80 后、90 后的同事，不仅是因为她们比我拥有更多的美貌与青春，更重要的是，她们年纪轻轻就会享受生活，辞去紧张的外企工作，选择到机关坐班，过一种慢生活，没有房贷压身。早早结婚生了一宝，也不想再生小二宝。孩子自有公婆带，饭菜交给公婆做，业余时间只看看片子、陪孩子做做游戏就打发了。

这样的舒适生活是我们这个年代的人在她们这个年纪所严重缺乏的。

那时的我简直是兵荒马乱、人仰马翻。记得有一次，家里请的保姆突然提出要辞职走人，弄得我措手不及，第二天，哭着打电话给单位领导请事假，要求在家带娃几天顺便找保姆。如今在羡慕妒忌80后、90后的同时，心里也不得不承认，她们真是好命。真想立马减去十几岁与她们同龄，娃小有啥关系呢，当妈妈的年轻就好啊，有使不完的精力、用不完的美丽。

前两天，同事的孩子在幼儿园被传染上病毒性感冒，半夜三更发高烧带到医院打针，烧退了又咳嗽，后来还发展成了肺炎，住院后要连续挂水十天。同事给折磨得像个祥林嫂，天天拍宝宝挂水时小手乌青的可怜样，发到微信上数倒计时，弄得我也神经兮兮地心跟着哆嗦。想起女儿小时候也曾是个药罐子，三天两头去医院，碰到过一个打针技术奇差的护士，在手上、脚上、头上扎了个遍愣是戳不进血管，小人撕心裂肺地哭号着，那种心痛与折磨，忘记也罢！还是现在好啊，我娃长大了，神气活现地，每天放学回家像饿了几顿没吃似的，对我做的家常小菜可劲地赞！赞得我现在最爱去的地方就是厨房了。

算了算了，还是不要减龄吧，我减孩子自然也要减，好不容易盼她长这么大，太不容易了，不能再一夜回到解放前！于是，心下平衡了。羡慕人家年轻干吗？年轻也有年轻的难处，况且谁没有年轻过？中年自有中年的安稳，比如孩子长得和你一般高了，与老公磨合得心有灵犀不点也能通了，选择过上自己喜欢的生活方式了……这些如果没有时间的历练，怎可一日抵达？

当我与同为中年的闺蜜一起坐在咖啡馆，捧着温度刚刚好的下午茶、吃着糕点，闲聊八卦、痛快淋漓时，那种舒缓、适意的感觉使我幡然醒悟：当人生轻舟驶过各种急流险滩，停泊在风平浪静的中年港口，饮着中年这杯下午茶，这才是我们女人最美好的时代呀。

瞎羡慕别人干吗，没准中年的你也是小青年的羡慕对象呢。

女人，别说自己老，别放弃自己太早

那天，在小区里看见一位优雅精致的、让我回头多看了几眼的美人：她身材修长苗条，着一件藏青色长大衣、时尚的黑色高跟皮靴，头上戴着一顶与大衣同色系的贝雷帽，帽子上有镶着钻石的 CHANEL 图标，闪闪放光。化着淡妆的她一边在轻声细语地与友人打着电话，一边慢慢地踱着碎步。看美人的年龄，有六十岁往上跑了。

她是刚从巴黎回来的吧？穿得如此得体与大气！上海的老太太我见过很多，其中不乏美丽精致的女人，我的邻居周阿姨就是。她每次见到我都说，小梅，我告诉你噢，不论行与坐，你都要记得昂首挺胸、绷得紧紧的，女人如果太过放松自己的身体，再美的女人也没有精气神，没有态，不好看。

周阿姨也六十多岁了，年轻时一定是个大美女，至今依然保持着模特身材，每次出门倒个垃圾都要淡扫蛾眉、轻描红唇。可是我仍然见过她有打扮不得体的时候，有一次，周阿姨竟然穿了一件白色超短裙出了门。那件白色连衣裙如果是个美貌的小姑娘穿，那真是绝色倾城，但是一个老人穿在身上，即便她保养得再好，你也会看到她裸露过多的肌肤不再光洁如玉，而是有了岁月的痕迹。这只会让人更加感叹与唏嘘，有谁能敌得过时间？纵然是英雄美人，也敌不过岁月这把杀猪刀。不如妥协吧，穿得郑重些，更能体现岁月所赋予的内涵之美。

　　某天，看到朋友圈里在分享一篇美文，说的是中国女人在整体上都放弃自己太早，五十岁就一副大妈样，已经考虑含饴弄孙承欢膝下了，而法国女人七十岁时还在穿精致时尚的细高跟鞋。说得我心里蓦地一惊，陡然警觉起来，反省自己是不是也有这种心理作祟？想了想，还真有。常常喜欢对朋友自我标榜：人至中年，我真没什么想法了，淡泊名利、不求上进，简直是提前进入半退休模式，只希望再辛苦几年，等孩子考上大学后，我就熬出头啦，然后好好锻炼身体、四处浪去。而现在，所有的生活重心都落在孩子身上，什么工作啊、事业啊，都排在其后，不想出什么成绩，只求不落后于人就 OK。

果真是这样吗？其实孩子是不需要我管多少的，吃饱穿暖即可，她自己做作业，自己去奋斗，对自己的将来人生负责，要当娘的操那么多心干吗？纯属自作多情！而我所谓的没想法，不过是一种潜意识的逃避，是一种懒惰的自我放弃而已。

闺蜜明子也是。记得再年轻一些的时候，明子是每个月都要买好些锦衣靓衫的，穿在身上自信满满当当，像被风吹鼓的一面旗。可是自从过了三十八岁生日，她就隔几个月才逛一次商场，对穿衣打扮的兴趣明显减少，连最心爱的口红用得也少了。明子是自觉把自己归入"老女人"的行列了吗？再看看心中的女神苏菲·玛索，人家是属马的，都多大了？还是那样的美丽优雅性感！

仔细观看身边，走出校门后，仍保持持续学习能力的人，多半能归入人生赢家那一类。女人终生都应该热爱学习新知识，接受新事物。学习是美丽成长的基础课。学习一门语言，学习一门专业，或是学习自己曾经感兴趣的技术等，都会使我们变得年轻、自信而美丽。

我有一好友，她全职在家衣食无忧，却没有放松学习，不仅看书写作出书，还重新学习了英语，如今口语已经流畅到能和老外直接对话。

日本著名女作家森茉莉自小养尊处优，不知生计艰辛为何物，一直过着奢侈而率性的生活。直到她五十五岁时，坐吃山空后穷困潦倒，为生活所迫，才开始写作，写下了成名作《奢侈贫穷》。森茉莉到八十三岁时去世，留下大量作品流传于世。

是啊，什么时候开始都不晚吧，哪怕你已经八十岁，想学画画，那也不迟，赶紧学吧，还犹豫什么？试想，一个满头银发的老太太在阳光下作画，这是多么生机勃勃的画面啊！

人生最怕一个字：懒。蔡康永说，十五岁觉得游泳难，放弃游泳，到十八岁遇到一个你喜欢的人约你去游泳，你只好说"我不会耶"。十八岁觉得英文难，放弃英文，二十八岁出现一个很棒但要会英文的工作，你只好说"我不会耶"。人生前期越嫌麻烦，越懒得学，后来就越可能错过让你动心的人和事，错过新风景。

懒字毁一生，如果你已经被从前偷过的懒打过脸，现在觉醒吧。我年轻时也是个懒人，浪费时间，虚度光阴，不想学习，现在，却越来珍惜时间、越来越勤快了，努力做自己喜欢的事，感觉时间不够用，恨不能一天有三十二小时。

我欣赏同事樱子，她在女儿上高中住校后，业余时间开始学习古筝，如今也能在单位的文艺表演晚会上露一小手了；也佩服闺蜜小鹿，在外企工作的她，偏偏那么痴迷文艺，以至于把业余生活过成了艺术，听音乐会、看话剧、到处旅行，生活越来越简洁，文字越来越干净，成了作家。

是的，女人，不要说自己老，你只要说出老的那一刻，就真的老了。保持一颗年轻的心，和对事物的热情，不放弃自己太早，无论是事业还是爱好，抑或是爱情和外貌，这些都应是我们应该追求的美好远方。

幸福只是睡着了

　　婚姻生活中，最让人迷茫的就是平淡如水的日子过久了，会让你心生疑惑：我想要的幸福生活呢？日子过得这么烦琐无趣、单调乏味，并不是我所向往的幸福啊。幸福难道不是如烈火烹油、鲜花着锦般的热闹与喜悦？

　　记得那是一个风和日丽的周六中午，毫无征兆地，突然腰间一阵尖锐的刺痛感袭来，她大叫了一声："老公，我要死了……"就两眼一抹黑昏倒在地。

　　谁知死没那么容易，几分钟后她就醒了，男人已把她抱到床上。只见他眼泪汪汪地盯着她，焦急地问："老婆，你这是怎么了，别吓我好吧？咱们这就去医院！你看看这是几啊？"他伸出三根胡萝卜一样的粗手指叫她认。"三呀，你以为我脑子坏掉啦？"醒是醒了，但是她的腰像断了一般不能动弹。她一时不知是什么病魔附身，只觉得自己大限已到，活不长了。女人看看男人，他是一脸的恐慌；望望闺女，她还没长大。想着自己如果就这样挂了，那可真是"身先死心不甘"啊！

她从来没有这么娇气过，青春年少的时候曾幻想像琼瑶小说里的女主角那样动辄晕倒，一次也没成功，如今倒好，晕倒不请自来。男人把她驮上车，闺女拎着保温杯坐在后面，一家三口心情沉重地往医院奔。

各项检查指标一出来，全家都松了一口气，原来是腰肌劳损惹的祸，前些天受凉引起的总爆发。于是，又急急忙忙赶到中医院做针灸理疗。做完后她已感觉舒缓很多，但被告知要持续治疗一段时间才能好。她不想住院，但是老公天天这样驮着她上上下下地奔波也太辛苦，虽然是冬天，他也是衣衫汗透。于是，向医院借了个轮椅让她坐着，推着走来走去轻松许多。他精神上已经不紧张了，偶尔还开开小玩笑，说别人会不会觉得可惜呀，这个女人这么年纪轻轻的怎么就坐上轮椅了？她苦笑，还年轻吗？正是因为不年轻，身体才造反了呀！

那晚回家，叫的是外卖，父女俩嘀嘀咕咕说着话，吧唧吧唧地吃得很香。女人躺在床上，好像是捡回一条命，赚了，那俩人一定也是这么认为的。幸好只是老腰出了点问题，而不是什么难缠的毛病。头顶上的那片乌云散了，受到惊吓后的一家人，心却更紧地贴在一起。

女人躺在床上不能动弹的日子，男人真的很辛苦，下班回来很晚了，还要买、洗、烧一条龙服务。可是，他把娘俩侍候得很好，三菜一汤的饭菜做得像模像样。孩子也出奇地乖巧懂事，一放学就跑到床前跟她说话，经常帮妈妈灌热水袋捂腰。久违的"幸福"两个字会不时地在女人脑海里闪烁几下。

在她没有躺下之前，一直对没完没了的家务活儿深恶痛绝，经常怨声载道，偏偏那人动手少还不领情，对她的功劳苦劳统统表示不屑，还说，那就请钟点工做吧。钟点工有我做得这么好吗？！她想。尽管如此，处女座的他还经常挑三拣四，有次把她喊到厨房，竟然就是为了鄙视她，有只碗没有按从大到小的顺序摞在一起。她生气地吼他，我偶尔一次不高兴没好好摆不行啊？！

这一次，男人终于深刻体会到女人平时做的家务有多么琐碎了。原来马桶是要天天刷的，内衣是要天天手洗的，吃啥菜是要挖空心思在前一天想出来的……而她，也终于看清，多年之后，自己依然是他手心里的宝。是的，一个家，三足鼎立，缺谁都不行，家里的每个人都重要。对世界来说，你是谁不重要，但对于家来说，你就是全世界。

正是那些瘫在床上的特殊日子提醒了他们，也告诉他们幸福一直都存在，只是睡着了而已。原来所谓的幸福就是日复一日平平淡淡地度过，不要有什么变数，直到地老天荒。

青春是一种美，沧桑也是一种美

有些女人第一眼看很一般，但后来越看越美；有些女人初看惊艳不已，再看不过如此。其中的奥妙值得深究。

第一次看到叶红，不觉得她美，一点也没觉得。

第二次是和她一同去某地公干，并排坐着。一路说话，看她笑起来时，眼角有几条细细的皱纹。心下一惊，她不过才二十五六岁吧？为什么就有岁月下手的痕迹了呢？不过，那几条笑纹却让我觉得她是个有故事的女人，平添一种沧桑之美。她其实还是挺好看的一个姑娘，白净的皮肤，镜片后是一双明亮的大眼睛，文静优雅，举手投足间散发出知性气质。

是的，相较少女般单纯如白纸的美，我更喜欢稍染风霜后的少妇之美。

晚上，我们睡在一个房间，聊着各自的人生经历。

她说自己正经历一场痛苦的双城恋，男友在北京读博，一个月见一两次面。将来是她去北京还是他回上海，还没确定，她喜欢上海，男友却喜欢北京。来回跑的都是她，因为他还在埋头做学问，她有空闲。虽然上海到北京的高铁很快捷，但是周末来回奔波一次后，第二天早晨起床就天旋地转，感觉很累，人累心也累。身边也不乏追求者，想分手却又不舍得谈了五年之久的这份感情。

我说我也曾有过痛苦的双城恋经历。你这种感觉我都体验过，不论是恋人还是夫妻，还是尽量在同一座城市生活工作为好，因为思念是很折磨人的一件事。记得那时很喜欢唱一首歌，"你知不知道，思念一个人的滋味，就像喝了一杯冰冷的水，然后用很长很长的时间，一颗一颗流成热泪……"泄露心声。

叶红立马和我握手表示是同道中人，深有同感，她的手柔软但有力，就像她的人外软内刚。后来，她利用晚上和周末的时间去上课，准备考研，目标锁定在北京的高校。第一年没成功，据说差了很多分。付出那么多，收获等于零，她一度很崩溃，对自己失去信心，觉得老天爷不成全他们的爱情。我竭力安慰她，好事多磨嘛，有人考研考三四次呢！你再努力一次，别放弃，希望就在不远处等着你。

很快她就调整好情绪。又是一年苦读，终于不负众望考上了研究生，背上行囊去北京。送叶红去火车站的那天，阳光明媚，她穿着白色衬衫配蓝色牛仔裤，扎个马尾，清纯得像个高中生。跟我挥手笑别的时候，眼角那些细细的皱纹，清晰地写着她的内心已走过千山万水。她真美啊，那一刻，我惊艳不已。

从一开始认识叶红，我就喜欢上她的这种沧桑之美。我喜欢有故事的女人，不要太传奇，要有点曲折，不要一眼望到底的清浅，要有点神秘感的深度。

电视剧《雷雨》播放的时候，我偏爱繁漪胜过四凤，因为繁漪多了一种沧桑之美。

岁月经过万物时，会带走一些，也会留下一些。之所以爱外婆的银手镯，是因为它带走了外婆这个人，却留下了她的故事和温度。还爱父亲留下的二胡，仿佛仍能听到他拉的《天路》宛转悠扬、琴声如诉。

恰如汤显祖在《牡丹亭》中写的："乍想起琼花当年吹暗香，

几点新亭，无限沧桑。"

外滩的建筑看上去稍显陈旧，却有无限风情；敦煌壁画经过岁月的洗礼虽然斑驳，却有沧桑之美；女人经历沧桑后，有的支离破碎，有的成就了一个美人，譬如叶红。

叶红说她名字的寓意是一朵红花。真是名如其人。相信所有的姑娘都希望自己成为第二眼美人，长成自己所希望的样子，越看越有味道，可琢磨可回味。王尔德说："我偏爱有未来的男人和有过去的女人。"有未来的男人值得高看，有过去的女人值得交往。

成为安静、温暖的女人

都说做女人，要优雅地老去。如今站在中年的渡口，想起这话，觉得说起来容易，做起来也不是一蹴而就的。实际上没有谁能抵抗岁月那只翻云覆雨的手，要做到优雅地老去，对女人来说，实在是一种内心的修行。优雅是一种气质，气质流于心。毕竟，用青春和美貌做通行证让别人喜欢是一件相当容易的事情，而皱纹和白发渐生后你还能成为温暖、安静的女人，这才是真正拥有强大内心的你。

读过女作家陈染的书《是谁掠夺了我们的脸》，清楚地表达了女作家被岁月追赶着的无奈，从青春靓丽到素颜憔悴，脸在偷偷地改变。她在书中引用了杜拉斯的名句："那时你是年轻女人，与你那时相比，我更爱你现在备受摧残的面容。"

呵呵，女人都喜欢用这句话自我安慰，可是，有几个男人真的爱你备受摧残的面容呢？不是每个女人都是杜拉斯。对于寻常女人来说，有一个男人握着她的手，心甘情愿地与她共老，那便是幸福。

同事的外婆，已经八十多岁了，一个很静气的上海老太太。每天为同事买、洗、烧，把家里收拾得干净整洁。那次我去同事家，老太太穿着紫红色的套裙，满头银丝梳得一丝不乱，用一个紫红色的发箍把头发箍到脑后，然后盘起一个高贵的髻。她说的上海话，听上去轻柔、绵软。说话时，脸上一直挂着亲切而温暖的笑，那眼神让我想起自己老外婆曾经呵护备至的关爱。她帮同事仔细地照料着家中的事物，还把自己收拾得妥帖清雅。一年当中只在春天时她从北京飞到同事家住上两个月，看看她从小生活过的大上海。一个八十多岁的老人来到小字辈家里，仍不肯清闲，把自己和家里都能安顿得如此妥帖精致，这样的老人必定拥有安静的内心。岁月的风霜雪剑已漂白了她的青丝，模糊了她的容颜，却在她的内心得到了珍贵的沉淀，无形中流露出一个上海女人的良好品质。一个安静的女人，是岁月也打不败的。

而我还见过另一种女人，明明已经支离破碎地老去，却在外表上竭力掩饰，五十多岁还穿着超短裙、抹着厚厚的粉底、涂着猩红的口红，与不同年纪的男人打情骂俏，真是叫人无法忍受。这不是歧视女人的老，且不论这种事的对与错，单说这把年纪还玩这个，真是可悲，人生得空虚到什么地步才会如此啊。

有人说过这样智慧的话："我想人就像这些花一样，在应该盛开的时候尽力地绽放，在应该枯萎的时刻安然地枯萎——没有绽放会浪费了上天的赐予，没有及时地学会枯萎，只能说明身体里已经积累了危害自己的毒素，那是比枯萎本身更致命的。"

老就老吧，坦然地老，优雅地老，就像花开过后要凋零一样。本来，每个人都是生而向老的。

我就是幸福

六一儿童节，朋友圈被装嫩的超龄儿童们刷屏，从有志青年到六十岁的奶奶，都童心未泯地嚷嚷着要过六一。可真正的儿童应该不屑于玩微信吧，好玩的事情那么多，微信是个什么鬼？

且慢，有这么一条原创微信却深入我心：大狗、小狗、鹩哥、仓鼠、长不大的女儿和大厨般的老公，六一快乐！黄焖小龙虾的味道好赞！

九宫格里的照片张张抓人眼球：大狗眼神悲悯地看着刚来到这个世界第一天的狗宝宝，小狗蜷成一棵卷心菜的形状偎在妈妈身边，鹩哥在笼子里探头探脑，两只仓鼠瞪着四只绿豆眼像哲学家一样在苦思冥想，七岁的小姑娘穿着公主裙坐在玩具城堡前幻想着一夜长大，厨房里大厨般的男人正在做着让人垂涎的晚餐，小龙虾的鲜艳夺目和羊排的孜然香浓让人忍不住想舔屏。

你可以想象躲在幕后拍照的这个女人，当她把这组生活气息极浓的照片发到朋友圈与大家分享的时候，内心的欢愉简直呼之欲出。

我忍不住赞叹：你们家的成员可真多啊，这节日过得热闹！我可以去你家蹭饭吗？拍照的女人昵称花花，是我同事，一个80后美女，却是个深谙生活纹理的高手。前年辞去外企繁忙的HR工作来我们单位。她说之前做HR，每天没完没了地看邮件回邮件，永无休止地加班、出差，问题是大家还争着抢着要加班，好像不加班就是工作不积极的表现。为了保住饭碗，她只好披星戴月，早晨上班时女儿还没醒，晚上回家女儿已经入梦乡。这样的生活花花很不喜欢，表面光鲜，但她的内心几乎要崩溃了。在花花眼里，健康与自由大过天，业余爱好和工作同等重要，陪伴家人则是人生中的头等大事。现在的花花，可以每天做自己喜欢的事了。她最大的爱好是做甜点，每天一大早起床，忙着给家人烤各种面包、做榴梿酥、三文鱼寿司、苹果派、蛋包饭等各种花式早餐。做她的同事是幸运的，因为经常能蹭到各种美食，但我更想做她的邻居，半夜有免费夜宵吃。

我们单位是典型的适合养老的事业单位，慢节奏，活不多钱也不多但是离家近，工作稳定，不必天不亮就起床挤地铁，当然你也可以奔仕途而去。问过花花，三十冒芽的年龄，正是野心勃勃、欲望多到爆棚的大好年华，外企收入可观，放弃不可惜吗？花花轻描淡写地说，没啥可惜，就是想有时间做自己喜欢的事，陪伴女儿一起成长。别误会，花花不是富姐，不是淡泊名利，人家开的车还是外地牌呢，她只是按自己喜欢的方式生活而已。

如果说花花是往内里收敛的话，那么闺蜜苏素则是拼命向外扩张。苏素可不是吃素的，她忙着出人头地、忙着捞钱还来不及呢。这姑娘的口号就是：我要挣很多很多的钱，可以不花老公一分，就能随心所欲地给自己和女儿买品牌衣服、吃豪华大餐，旅行时住舒适无比的五星级宾馆。她想要的生活就是能住上大房子、实现某种程度上的财务自由。如今的她，差不多已过上这种理想中的生活了，换了大房子，时不时地看一场热爱的昆曲，偶尔飞香港购购物。对旗袍情有独钟的她，衣柜里的旗袍足够开展览了。

说实话，对这两位姑娘，我都极为欣赏，一个是生活高手、一个是挣钱能手，智商情商出众，颜值人品担当，在各自的轨道里各自散发着光芒。关键的是，她们都对现在的生活很满意，因为前几天，碰巧看到她俩在朋友圈先后晒了同样的几句诗：我不再追求幸福／我就是幸福／我不再想象生活／我着手生活。

真是智者所见略同。

人生其实很短，一不小心就过半。生命辽阔，有许多种选择的可能，但内心的笃定是定海神针。你可以选择与别人不一样的生活。他人有他人的风光，你有你的风景，前提是只要你内心真欢喜，有自己坚定的内核，小宇宙运行自如就OK。很多时候，对于命运，我们是做不了主的，因为总有太多猝不及防，那就努力主宰我们所能主宰的那部分吧，其他的统统交给神明。

女人的下午茶

提起喝下午茶，不得不提起沙龙；说起沙龙，总要提起20世纪30年代林徽因家的文艺沙龙，文人墨客，集聚一堂，喝茶品茗，畅谈文学、艺术、诗歌、戏剧……冰心还写了篇据说讽刺林徽因的小说《我们太太的客厅》，林知道后托人送了冰心一坛山西陈醋。因为这件事，不仅使两大才女从此老死不相往来，还使两家后人都心生芥蒂，从此再无交往。

到了晚年，风云看尽的冰心对前来采访的记者说起林徽因时，用了一个"俏"字，而陆小曼是不"俏"，才女之间的纷争终于随着时间的推移慢慢消散。

我们今天所说的下午茶，跟那个时代的艺术沙龙相比，有点类似，只不过是八卦性质更浓郁的微聚会型沙龙，内容可能比不上那时高大上。因为现代人说起来压力更大，他们可能更需要的是放松与休憩。女文青们喜欢坐在又文艺又时尚的咖啡小店，用小勺搅动精致瓷具里的浓郁咖啡，配上几块精美的西点，也许只需要一个小小的动作，一句微妙的语言，一个默契的眼神。有时八卦一下某明星的前任后任之间的纠纷，有时干脆什么都不说，各自低头刷着手机，凡此种种行为，就可能像艾略特在诗中说的那样"搅动着我们的宇宙"。

都市里的人，朝九晚五地辛勤工作，午餐都是速食式的，喜欢下班以后和朋友们一起去酒吧喝酒，或者周末贪睡之后到某个心仪的饭馆吃顿早午餐，可以慢悠悠地吃上好一阵子，有点像广东人的吃早茶。反倒是悠闲的下午并不多见。但我认识一个颇具才华的全职太太，很热衷于喝下午茶。一到下午，她就在群里吆喝："喝下午茶去喽！"惹得我们这些上班族冲她直翻白眼：简直是拉仇恨呀。每每和同学、老友喝完茶回来后，她就把八卦来的新鲜故事，写成一篇篇美文发在全国各大报刊上。这下午茶竟然成了创作灵感的泉眼，使她从"坐家"成了一名作家。朋友这下午茶喝得真是一举两得。如果有当作家的天赋，这个职业还是相当令人羡慕的。但大多数人的才华不足以养活自己，只能做业余码字匠。

忽想起亦舒师太写的一篇小说："我女友叮当是一个小说家，她每天工作时间只有两小时，其余的所有时间都在玩，玩的内容包括：学葡萄牙文、摄影、杖头木偶、篆刻，也有音乐和各种游戏、逛书店、设计时装、更连带喊朋友出来喝茶……对于生活，她充满热情，太阳之下皆新事，我爱这个女人。"看到这一段时，我不由自主地猜测这是不是就是写亦舒自己呢，如果是她，真是太令人神往了。作为一个畅销书作家，生活如此优越、有趣与好玩，靠的是什么呢，说穿了，还是绝世才华啊。

说到下午茶，气氛总是偏女性的，因为女人更喜欢八卦。你见过几个纯爷们是在专门喝茶聊天，他们多半是在茶楼打牌呢！多年前年我从家乡来到这座繁华都市，最痛苦的事不是生活习惯的改变，而是满街找不到一个喝茶的人。所以，每次回到家乡小城，就迫不及待地打电话给几个同样喜欢码字的朋友，喝茶去喽！场面那个相见欢啊，然后聊聊各自的生活以及码字的情况。有个亦师亦兄的朋友，每次都给我的写作提出中肯意见，指明我应该朝哪个方向着重发展。可惜我这人太懒，对未来也没什么规划之心，也没有诗和远方，

自强的姑娘都配得上幸福

只享受当下，听了当时觉得很受用，回去后就抛之脑后，辜负了他的美意。但是，我心里很享受这顿下午茶时光，一杯清茶、一盏薄酒、几样精致的小菜和点心、三四个志趣相投的朋友围坐一起，它不仅犒劳了我思乡的胃，还缓解了精神上的思乡情切。

所幸的是，到了这座城市后的几年里，我结识了两三位好闺蜜，不仅可以随时去喝一杯下午茶，还可以随时发起一场说走就走的旅行。朋友无须很多，相互懂得便好，"触目横斜千万朵，赏心只有两三枝"。

所以，下午茶对于普通的现代人来说，是一种人与人之间的微聚会，让彼此心灵靠近，缓解都市病带来的压力。

周末敲下这篇小文的时候，窗外冬阳温暖地照耀在我身上，想起下午和闺蜜有一场下午茶的约会，顿时想起一句话：冬天正好，有你在场。

爱的反面不是恨，而是冷漠

女人总是张口不离孩子与老公。这不，几个女人闲下无事在群里叽叽喳喳声讨自己的另一半。

杧果说，我家先生脾气好的时候呢，像个天使，可牛脾气一上来，就六亲不认，什么狠话、伤人的话都能说得出口，很绝情。因为脾气不好，经常为一点芝麻绿豆大的小事动怒，有时候你好端端的心情也会被他搅得天地失色，那感觉好像是端着把机关枪对着平静的湖面扫射一样。嫁个坏脾气男人真是太折磨人了，简直考验人的忍耐极限，如果没忍住，针尖对麦芒地吵起来，最后也是两败俱伤。杧果发誓说，下辈子一定要找个温柔似水的男人。

苹果说，我家那位更气人，天天下班一回家，就往沙发上躺，一张报纸一杯茶，跟个老爷似的，是个油瓶倒了也不扶的主。我下班回来再晚，也要做饭做菜好生伺候，他从来都不帮我搭把手。你喊他做家务，他倒是振振有词，说什么男干女活，越干越穷。你说这都是什么歪理邪说！人家日本前首相在家时还一直承包洗碗刷盘子的活儿呢。但是不管你怎么说都没用，他就是属四季豆的，油盐不进，天天照旧。

海棠说，你们家那些都算什么缺点呀，跟我家这位比，那是小巫见大巫。我家先生天天泡在网上打游戏，撕都撕不下来，一到周末就玩通宵，人瘦得跟猴精似的。可是，你要是叫他别打游戏了，他就会瞪着一双布满血丝的眼睛，恨不得一口把你吃掉。有时真觉得这日子没法过下去，累觉不爱了，但是我爱我们的儿子啊，就把他爹当成婚姻的赠品好了，买一赠一。

年龄稍长的梨子不紧不慢地说了一句：我家里那位倒是脾气好、人也善，又能做一手好菜，我在家里是那个油瓶倒了也不用扶的主。可惜，我这个老公是假的。

大家都疑惑不解地问：啊，哪有老公还是假的啊？

听梨子解释后才明白，原来他俩几年前就离了，只是因为没房子，一直还住在一起。他能干、体贴、好脾气，是孩子的亲爹，可是她嫌弃他呀，已经不爱他了。他只能做她假的"老公"。

叽叽喳喳的女人们，忽然好一阵沉默。大概忽然觉得，所有的埋怨和不满均源自于爱啊，因为爱，所以才希望你完美；如果不爱，自然对他也就没有了要求，他好不好，与卿何干？如果不爱，你提都不想提起他，更不会天天没事就声讨啦。不是有人早就总结过，爱的反面不是恨，而是冷漠。

作为女人，你早该懂得，完美爱人，只合住在童话里。而童话总是到了"王子和公主从此过上了幸福的生活"就戛然而止。聪明如你，走过千山万水，自然会懂得其中的奥秘。

不要等，要做

元旦放假三天，我只安排了一天的活动，其余两天安静地宅在家里。

一直保持着一个习惯，每年元旦当天会在一个崭新的笔记本上郑重写下新的一年几个大大小小的愿望，相习成俗，持续多年。年末总结的时候逐条对应，看看有没有实现。当然有没实现的，对于我这种拖延症患者来说也很正常。有趣的是，我发现，大的愿望基本都实现了，反倒是那些小心愿容易被搁浅。

提笔写下今年的愿望时，发现有一条是几年前就许过却一直没有兑现的。很难吗？不是，其实是很简单的一件事，就是整理一下电脑里的海量照片，把它们做成实体相册。

自从有电脑储存照片以后，我就很少把照片冲洗出来了。

还是女儿六岁的时候，去照相馆拍过一组童年照，再有就是冲洗过十几张做成一面照片墙。其间有好几年的时间没有做过相册了，拍好的照片就导进电脑里存着，挑几张好一点的发朋友圈即大功告成。一日翻看老相册，觉得还是看得见摸得着的照片好呀，一张张细看手抚，想着这是何年何月在何处拍的，挺有意思。看电子照就如看电子读物一样走马观花，不会慢慢品味。想想要是万一哪天电脑罢工，照片全部玩起失踪，很多美好的记忆怕都要清零了。

花两天时间整理上千张照片。先把闺女的照片挑出来，单独成册，按时间的顺序重新命名，配上自己的文字，比如"漫天花海抵不上你的笑""你发呆的样子真美好""这狡黠的小眼神好像俏黄蓉"……别觉得肉麻，要理解一个妈妈的爱。然后，把几十张照片打个包，发给淘宝店家，一周后即可出炉一部"吾家有女初长成"的影集。再如法炮制整出自己和家人的，这个假期圆满结束。

原来做这件事并不难啊，可是我竟然一拖拖了好几年。

去年还有一个没实现的小心愿是，为小吃货学做各种美食，包括做家乡的著名小吃——腊肉饼。偶尔吐槽起上海乏善可陈的早餐时，女儿就会两眼发光地垂涎起家乡品种繁多的美味早点，其中最怀念的当属安徽工业大学门前那家最有名的腊肉饼了，每次回去都要带上一打回来。我有个前同事胡妹妹，心灵手巧得很，某天她晒自己在家里学做这种肉饼，金灿灿的外表煞是诱人，又说味道丝毫不输外面卖的，还戏称胡氏秘方概不传人。立即问她要来胡氏秘方，说，等我哪天有空了就做，可是直到今天我也没尝试做过一次。此处应配表情包：捂脸、扶额。

失联多年的朋友刚加上微信时信誓旦旦，等下一次我到上海出差时去看你……结果，某年某月的某一天，发现他对我已屏蔽了朋友圈；先生前几年就说过，等明年孩子放暑假的时候，就和他同学一家一起自驾游一路向北，策马扬鞭，走青岛过烟台逛大连……然而，你懂的。闺蜜说她一直想拍一张全家福，可是她姐家孩子在国外读书，相聚总是太匆匆，于是，每次都推说下次吧。结果，她父亲年前突发脑溢血去世了。

我们总是喜欢说，等有时间，等下次吧，等明年，等退休后……有多少人在等待中倏忽消失不见，又有多少故事在等待中悄然画上句号。"等……就……"说出去，十有八九都成了空谈。新年伊始，告诫自己，想到什么，不要等，要做，立刻马上。

愿你余生再无波澜，我自悲欢

接受最真实的自己

那天，看董卿主持的综艺节目《朗读者》，央视前主持人倪萍出现了，很胖很老的样子，当红主持搀扶着有些老态龙钟、曾经红极一时的前主持同登舞台，两代央视一姐之间的惺惺之情溢于言表，年轻精致的脸与衰老胖大的脸中间，隔着一条名叫时间的河流。

不到六十岁的倪萍显然老得急促了点，比她还大的艺人刘晓庆、赵雅芝尚且身材窈窕，容颜未老，晒出来的照片不说像少女吧，至少像少妇，而她却早已身材臃肿、容貌变形，像大妈或奶奶。毕竟曾经也是美女，别人都在替她惋惜，刘晓庆甚至喊话让她去整容。她如实说，我也想瘦下来，也想变得美一点，折腾过，但是，效果不佳。那就不妨坦然接受

自强的姑娘都配得上幸福

自己现在最真实的样子吧，所以，她总是拿自己的老与丑来自嘲，上台第一句话就是，倪大妈又来了，逗乐了观众。

倪萍的衰老固然与她的年龄有关，但估计更与她的经历有关，一个被重病的孩子时刻牵肠挂肚着的母亲，哪有心思关注大众的审美？

爱上了她的真实。在这个连朋友圈都被美图秀秀修饰过，网友见面相互指责对方人与照片不符甚至打到派出所的年代，真实具有直抵人心的穿透力。

与倪萍的真实有一拼的是被称为"女神"的舒淇，某天她在微博上晒了一张有若干根白头发的照片，粉丝看得惊叫连连，她自己却笑言长智慧了。过了几天，她把白头发染黑，又发图调侃智慧没了。作为一名四十冒芽的女人，长白发也是自然规律，女神也不例外，难得的是舒淇有这种面对衰老"只道是寻常"的勇气。因为对于大多数女明星来说，她们比常人更怕老吧，于是，娱乐圈流行整容拉皮打美容针，怎么可能直面大众晒出素颜与白发呢？直到有一天，你会惊讶地发现，因为用力过猛而面目全非的她们，你都无从辨认从前的她与今天的她是否为同一个人。也有很多明星自称晒的是素颜照，其实是伪素颜，一看就知道加了滤镜与P过图的。

舒淇绝对是个另类，她不仅晒出雀斑与白发，也不想洗白自己年少轻狂的过往。这份接纳自己不完美的勇气如此可嘉，令她圈粉无数。

我有一女友，拍照片从不美颜，不修图，手机里没有下载任何美容工具，都是纯天然的原图。她说，我是个无趣的人，不喜欢跟风，朋友都说我傻，谁现在拍照不 PS 啊，我就不用。照片是留给自己看的，是对时间流逝的一种记录，修图美颜减龄，都是自己骗自己。女友年轻时美得亦仙亦幻，中年气质依旧，但容貌到底平凡下来了，美女一般特别不能接受自己的衰败，她却淡然接受了自己一天天变老的事实，偶尔贴出的照片法令纹、笑纹、黑眼圈清晰可见，但依然有韵味。

中年女人拍照如果展现自己最真实的样子，那张脸上一定是有皱纹有眼袋有无法挽回的向下颓势，第一次看到时不免让人心中暗惊，惊叹岁月的下手之狠，但如果用了美颜，岁月就被一笔勾销，瞬间重返青春，肌肤吹弹可破，比化妆还灵。所以，很多中年女人（甚至年轻姑娘）发图必用，用了上瘾，发的照片连毛孔也 P 得看不见，谁不希望别人眼里的自己永远青春美丽呢。但我这个朋友是个例外，她的坚持让我叹服，一个人面对原图里真实的自己与美颜后虚幻的自己，其间感受完全不同。真实有一种凌厉的清醒，虚幻有一种催眠的自喜，所以大多数人都愿意选择后者。

其实，女人每个年龄段都自有她的美丽。比如，曾经是许多人心中性感女神的香港艺人钟楚红，如今已经五十多岁了，偶尔出现在大众面前，一笑，眼角的皱纹荡漾开来，她并没有去打什么除皱针。可是，我依然觉得她美得灿烂炫目。

也不是所有的人都能理解。前些天，某艺人晒了素颜照，黑眼圈、斑点明显，底下评论哗然。有人说，这根本没法看了，明星也不过如此，有人唯恐天下不乱地艾特她先生，说他家出大事了。但也有网友说，作为有两位宝宝的妈妈，脸上的斑点最是美丽，佩服你的勇气和胆量，因为不是每个人都敢素颜出镜，连我也做不到，为你点赞。

人们羡慕或者佩服什么，一般都是自己欠缺的。之所以如此盛赞她们，是因为我也不具备这样的勇气。勇气能衡量一个人的灵魂高下，坦然接受自己最真实的样子，才是真正有自信的人吧。一个女人只有接受了最真实的自己，她才能与自己相处甚欢，与世界握手言和，而时间再也伤不了她。

愿你余生再无波澜，我自悲欢

遗憾是蛋糕上的樱桃

　　我的同窗好友桃桃曾说过，她最大的遗憾就是没在大学里谈一场轰轰烈烈的恋爱。她说这话别人都不会信，以为她装纯情。一个校花级的人物在大学期间竟然没谈过恋爱？当年给她写情书的男生排成长龙好吗，就连那个最男孩气的阿胜也找了个比较娘的男生手拉手地深情地爱过一场，分手时的那夜还醉卧操场不肯回呢，校花会没谈恋爱？谁信哪。

　　只有我知道桃桃说的全是真话。原因无他，只怪桃桃过于早熟早慧，理智清醒得跟民国美女林徽因有得一拼。条件就一个，那就是非富二代不嫁。因桃桃从小就生活在一个富足的家庭，老爸开私人诊所，20 世纪 90 年代她家就已经有私家车了，我还曾和她一起装模作样地坐在她家车上拨弄方向盘。她对物质带来的享受比一般家庭出身的女孩自然体会要深刻得多。桃桃曾对我说过，如果在大学没有遇到一个家境比她好的男生，就宁愿让人介绍也不谈一场无用的恋爱。看到姐妹们前赴后继地谈起恋爱，她坚定不移地说，不以结婚为目的的恋爱就是耍流氓，我不能因为嫁一个人反而拉低自己的生活水平。

　　这对当时年轻的女孩来说是大跌眼镜的事，让人介绍对象而不是自己去找，这像一个中文系女生说的话吗？是写一篇篇浪漫小文的桃桃小姐说的话吗？况且，我们那个年代的女生大多还不那么物质，都是精神至上，桃桃绝对是另类。在校园里，她就像一只高贵妩媚、惹人怜爱的猫，风华绝代而又不可亲近。她有一颗永远焐不暖的心。无论多动人的情书、多痴情的眼神、多执着的追求，只要他没有优渥的家境，都被她一概拒之千里之外。桃桃当时也太"白富美"了，目标又那么明确，当心目中的"高富帅"一直没有到来时，她干脆就错过大学校园大把大把风花雪月的机会。

　　后来，她真的是通过亲友团介绍而步入进婚姻殿堂的，先生"高富帅"，他们在一起的确是天造地设的一对。但是，同学会上，我俩坐在一起聊天时，她却告诉我，此生最大的

愿你余生再无波澜，我自悲欢

遗憾是没能在大学里谈一场恋爱，以至于日后的回忆显得如此单薄而乏味。

桃桃的遗憾应该是从心底发出来的，但她其实也没损失什么，她留在那些爱慕者心中的形象反而如清水出芙蓉般高洁。话说万一桃桃在大学里谈个穷小子动真情嫁了，她会不会比今天更遗憾也讲不定。

相对于桃桃的遗憾，米兰则显得有些奈命运不何的感伤。

米兰在最青春美好的学生时代，因为家里的经济条件所限，不能像别的女生那样经常穿上各种漂亮衣裙花枝招展。她从心底深处羡慕妒忌那些打扮得美美的女生，她们是那么自信美丽又引人注目，而她不能，但又无力改变现状。于是，米兰只有通过一个办法引起老师和同学们的注意，那就是拼命努力学习，使自己成为一枚安静的学霸。

米兰本来就天资聪颖，再加上勤奋，她的学习成绩果然越来越好，后来她一路考上研究生，后又有了一份好工作，再也不愁买不起锦衣华服。可是米兰如今回想起青春，仍感慨万千，觉得自己在最美的季节没有最美的配饰，给青春来一段鲜花着锦、烈火烹油的时光，乃是人生一大憾事。还说自己到现在还不太会穿衣打扮，可能也跟年少时的经历有关。

小仙也有遗憾呀，她后悔自己结婚时竟然没有举办一场像样的婚礼。因为当时他们买了新房后，已是捉襟见肘，大办宴席显然力不从心。于是就自作主张地婚礼从简，只朴素地办了两桌酒席，请来若干亲朋好友。别人对这事都不在意，最伤心的是小仙她爹，因为他最宠爱的女儿出嫁竟如此简单冷清，于是倒在沙发里号啕起来。小仙也很生气，觉得老爹太不给面子了，在她大喜的日子竟然大哭一场。如今小仙每每回忆起这件事，都会泪流满面，遗憾不已，因为她终于懂得，已经身在天堂的父亲，当时是多么爱她才会那样深深哭泣，他是不舍得女儿如此草草出嫁。她是他的掌上明珠呀。

每个人都会有遗憾的吧，不单单是女人。只是女人的遗憾总是与爱与美有关联。遗憾就遗憾吧，当初你若真的圆了遗憾，桃桃不见得会最终嫁给"高富帅"，米兰也未必就能考上研究生，小仙也不会那么怀念她老爸。

遗憾就是生日蛋糕上的红樱桃，是用来增强蛋糕的美貌与美味的，你若真吃了它，味道也不是你想象中那般好。

人生因为遗憾而美丽，你如果懂得了遗憾，也就明白了人生。

女到中年不素颜

　　某一档相亲节目进行到高潮部分，为男嘉宾留灯的有好几位漂亮女嘉宾，他将带谁走呢？大家都拭目以待。可男嘉宾最后提出了一个要求，说谁肯为他立刻清洗掉脸上的彩妆，素颜出镜，他就牵谁的手一起走。其中有个女生闻听此言，马上就去后台把脸洗得干干净净地走了出来，于是，两人牵手成功。

　　我觉得男生这个要求一点也不过分，他想看清她真实的样子，而不是一张浓妆掩盖下的画皮。如今的化妆术可以使一个人完全变成另一个人。看过一个视频，一个粗糙的爷们儿化妆，化着化着竟然变成了一个妖艳的美女。

　　其实女人在年轻的时候，化妆与否，用处不是很大，有时，浓妆反而掩盖了其青春清纯的特质；但是化不化妆，却判若两人。记得我拍结婚照时，眼瞅着镜子里的自己被化妆师浓妆艳抹后一点一点变得陌生起来，弄得某先生左看右看，疑似他要和哪个明星拍婚纱照呢。所以，有许多化妆上瘾的年轻女孩，不化浓妆就不出门，时间久了，反倒伤了肤质。年轻自有一种天然美，花团锦簇的时光，原本就要让人眼花缭乱了，再没有必要用脂粉把自己弄得那么复杂与混沌。及至人到中年，不化个淡妆出门，差距就明显了。但在国内，不论年轻还是年长的 OL，浓妆艳抹还是很少的。至少在我身边，看到的职场女性大多数都不化妆（服务行业除外），有的甚至连唇彩都不涂，每天都素面朝天地来来去去。除非是参加某种特殊场合，比如年会、聚餐什么的，才化个淡妆、抹个口红盛装出席。

几年前我在日本富士山脚下，看到一个日本老年旅行团，里面的日本老太太们个个都涂着厚厚的白粉与鲜艳的口红，着精致裙装，有的还穿着高跟鞋，确实被震惊到了。虽然觉得她们的妆容有些过了，但对于她们的人生态度还是很赞同的。

我自觉是那种比较注意自己光辉形象的臭美型女人。虽然谈不上什么保养，连进美容院也是三天打鱼两天晒网，平时在家里偶尔贴贴面膜而已。但是只要出门上班去，肯定是梳洗打扮清爽，虽不涂粉饼、腮红，不刷睫毛、不擦眼影，只简单抹些保湿水、润肤液、防晒霜就OK，但是，亮点放在最后，那就是必定用口红画出一个烈焰红唇。千万别小瞧了这口红的意义，它真的能点亮女人的肤色。中国女人肤质偏暗黄，口红使你的脸瞬间变得生动活泼明亮起来。所以，我的化妆台上什么都可以是配角，护肤品可以是baby用的，但一支口红必不可少。因为平时不化浓妆，皮肤没有受到太多损害，素颜倒是可以出门。只是，中年女人，没有了青春打底子，肤色到底暗淡下来了，所以，口红成了女人挽救青春的最后一面旗帜，淡淡一点，使一张素脸顷刻艳丽起来。我有一个同事，真正的素颜达人，平时连口红都不用，但是，她偶尔上个淡妆，却能使人眼前一亮。

年轻女孩不用任何化妆术就可以明艳动人，眉不画自黛，唇不染自红。可是你见过哪个中年女子不略施粉黛却粉面含春的？女到中年，哪怕是赵雅芝、张曼玉，如果不化妆，也是憔悴不堪、不忍目睹的，岁月很公平。或许有一两个能称得上是不老妖精的神话，素颜也能动人，那功底一定是源自于内在，内在的功夫若修炼起来是冰冻三尺非一日之寒了。

前不久看凤凰台对气质美女俞飞鸿的访谈。四十六岁的俞美人素颜出现在镜头里的样子美得宛若惊鸿仙子，以至于与她对谈的许知远根本不在状态，屡屡走神，好几次都忍不住赞美道，你真是太美了，比年轻时还要艳丽。俞美人听后，反驳说自己不属于艳丽型。单看她 OL 装扮、素净脸庞、简洁发型根本不艳丽，但我却能理解许知远所说的艳丽含义，他是说她现在的美超越了年轻时的颜值巅峰，这种美应该来自于纯净的灵魂。你从俞美人的谈话里，就可以知晓这是个活得大明白、完全通透的女人。喜欢读传记、旅行，享受安逸的生活，不喜欢压力过大，不要太累，从别人的人生里审视自己、调整自己。她淡定地说，看完《梵高传》后，觉得还是做一个平凡的人比较好，做一个有才华的人活得那么曲折痛苦，还不如平凡地过一生（大意如此）。这观点，我举双手赞同。

像俞飞鸿这样的女神，不用化妆也自带光环，况且人家还是很会穿衣打扮的，你不要小瞧每个会穿衣打扮的姑娘。有人说的好，"中年之后，经不起打量的其实不是年龄和身材，而是气韵和细节"。而我们普通的职场女性，每天把自己收拾得山清水秀，淡扫蛾眉、轻点朱唇出门去，既给自己增添一份信心，又能美化美化环境，于人于己也是一种尊重。